BAND 7

Sigrun Eder
Daniela Molzbichler
Evi Gasser

KONRAD, der Konfliktlöser

Clever streiten und versöhnen

Bibliografische Information der Deutschen Nationalbibliothek
Die Deutsche Nationalbibliothek verzeichnet diese Publikation in der Deutschen Nationalbibliografie; detaillierte bibliografische Daten sind im Internet über http://dnb.d-nb.de abrufbar.

Markenschutz
Dieses Buch enthält eingetragene Warenzeichen, Handelsnamen und Gebrauchsmarken. Wenn diese nicht als solche gekennzeichnet sein sollten, so gelten trotzdem die entsprechenden Bestimmungen.

Besonderer Hinweis
Das Werk einschließlich aller seiner Teile ist urheberrechtlich geschützt. Jede Verwertung außerhalb der Bestimmungen des Urheberrechtsgesetzes ist ohne schriftliche Zustimmung des Verlags unzulässig und strafbar. Dies gilt insbesondere für Vervielfältigungen, Übersetzungen, Mikroverfilmungen und die Einspeicherung und Verarbeitung in elektronischen Systemen.

Das vorliegende Buch wurde sorgfältig erarbeitet. Dennoch erfolgen alle Angaben ohne Gewähr. Weder Autoren noch Verlag können für eventuelle Nachteile oder Schäden, die aus den im Buch vorliegenden Informationen resultieren, eine Haftung übernehmen. Befragen Sie im Zweifelsfall bitte Arzt/Ärztin oder Therapeut/Therapeutin. Eine Haftung der Autoren bzw. des Verlags und seiner Beauftragten für Personen-, Sach- und Vermögensschäden ist ebenfalls ausgeschlossen.

1. Auflage	April 2014
© 2014	edition riedenburg
Verlagsanschrift	Anton-Hochmuth-Straße 8, 5020 Salzburg, Österreich
Internet	www.editionriedenburg.at
E-Mail	verlag@editionriedenburg.at
Lektorat	Dr. phil. Heike Wolter, Regensburg
Satz und Layout	edition riedenburg
Herstellung	Books on Demand GmbH, Norderstedt

ISBN 978-3-902647-43-6

Inhalt

Hallo du!	5
Ärger mit Hannah	7
Gewusst wie! Konflikte lösen	12
Zoff in der Schule	13
Gewusst wie! Konflikte lösen	18
Wenn es zum Konflikt kommt: Informationen für dich!	19
Was ist ein Streit?	19
Was ist ein Konflikt?	19
Womit kann ein Konflikt beginnen?	20
Wie verläuft ein eskalierender Konflikt?	20
Was bewirken Konflikte?	21
Warum tragen manche mehr Konflikte aus?	22
Welche Einstellungen gegenüber Konflikten gibt es?	22
Wie können Konflikte ausgetragen werden?	24
Wann wird aus einem Konflikt Gewalt?	24
Was verschlimmert einen Konflikt?	25
Was beruhigt einen Konflikt?	26
Welche Fähigkeiten zur Konfliktlösung sind nützlich?	26
Auflösung der Fragen	45
Mit-Mach-Seiten für Kinder	46
Wann spürst du Frieden in dir?	46
Was bringt dich auf die Palme?	47
Wie zeigst du deine Meinung?	48
Wie hast du einen Konflikt verschlimmert?	49

Welche Konflikte hast du häufig?	50
Welchem Drehbuch folgst du?	51
Wie verhältst du dich meistens?	52
Was kommt zum Vorschein?	53
Welcher Konflikt-Typ bist du?	54
Wie fühlst du dich nach einem Konflikt?	55
Wovor hast du Angst?	56
Wie verstehst du dein Gegenüber besser?	57
Wie möchtest du dich künftig verhalten?	58
Welche Fähigkeiten wünschst du dir?	59
Wie bleibst du gelassen?	60
Wie kannst du sagen, was dich beschäftigt?	61
Welche Gewalt ist das?	62
Wie schaffst du es ohne Gewalt?	63

Informationen für Erwachsene 64
    Veränderungspotenzial von Konflikten 64
    Konfliktkultur als Kulturtechnik 64
    Familiäre Konfliktkultur 65
    Konflikte im Anmarsch 68

Konfliktfeld Familie 69
Sich mit dem anderen auseinandersetzen 70
Elterliche Präsenz 70
Gewaltfreie Erziehung 71

Glossar 72

Weiterführende Informationen 73
Ansprechpartner 73
Literatur 74

Hallo du!

Ich bin Konrad. Hast auch du manchmal Ärger und kommt es dann zum Streit? Dann bist du hier genau richtig!

Meine Schwester Hannah bringt mich regelmäßig auf die Palme. Erst neulich hat sie ein Poster von mir verunstaltet. Willst du die ganze Geschichte wissen? Dann lies doch gleich weiter!

Vielleicht interessiert dich auch, was mir vor Kurzem in der Schule passiert ist. Es gab mächtig Zoff – und eine neue Freundschaft! Auch diese Geschichte findest du hier.

Wenn du wissen möchtest, wie man Konflikte meistern kann, ohne ihnen aus dem Weg zu gehen oder sich zu prügeln, dann verrate ich dir ein paar Tricks. Mit ein bisschen Übung fällt es dir bald leicht, Konflikte auszutragen und so clever zu lösen, dass danach alles wieder im Lot ist.

Ganz gleich, ob in der Familie, in der Schule oder wo es sonst Konflikte gibt: Manchmal braucht man einfach das geeignete Rezept, um Auswege zu finden. Am besten ist daher, du probierst die Rezepte schon vor dem Hochkochen eines Konflikts aus. So weißt du Bescheid und behältst auch in schwierigen Situationen den Durchblick.

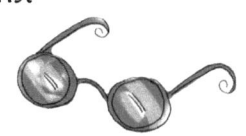

Viele gute Ideen wünscht dir dein
Konrad

Ärger mit Hannah

Eine Geschichte zum (Vor-)Lesen

Konrad ist zehn Jahre alt. Er lebt mit seinen Eltern und seiner sechs Jahre alten Schwester Hannah in einem Reihenhaus.

Obwohl Hannah ein eigenes Zimmer hat, geht sie manchmal heimlich in das von Konrad. Aber das passt Konrad überhaupt nicht. „Kleine Schwestern können echt nerven", beschwert er sich deshalb häufig bei seinem Freund Fred.

An diesem Sonntagmorgen ist es wieder einmal so weit: Während Konrad mit seinem Vater im Garten arbeitet, läuft Hannah in den ersten Stock und wirft einen kurzen Blick aus dem Fenster. Sie will sichergehen, dass Konrad beschäftigt ist. Dann schleicht sie sich auf Zehenspitzen in sein Zimmer.

Zunächst durchstöbert sie seine Schubladen und sein Geheimversteck hinter dem Kleiderschrank. Dort findet sie aber nur einen verstaubten Wollpullover, den Konrad wohl zu kratzig fand.

Als sie zum Schreibtisch ihres Bruders schlendert, sieht sie etwas Neues: ein Poster mit Konrads Lieblingsstar! Konrad hat bereits alles vorbereitet, um es später an die Wand zu hängen: Klebestreifen, Schere – und natürlich das Poster.

Hannah findet das Poster ein wenig langweilig. Deshalb nimmt sie einen roten Stift und malt dem Popstar eine Brille vor die Augen, einen Ohrring ans linke Ohr und einen riesigen Bart ins Gesicht.

Ins Malen vertieft vergeht die Zeit wie im Flug.

Nachdem die Gartenarbeit erledigt ist, läuft Konrad hoch in sein Zimmer. Endlich hat er Zeit, sein lang ersehntes Poster aufzuhängen. Doch als er die Zimmertür öffnet, bleibt er wie angewurzelt stehen. Eine Sekunde später brüllt er:

„Sag mal, spinnst du, Hannah? Du blöde Kuh hast mein Poster kaputt gemacht! Verschwinde aus meinem Zimmer!"

Erschrocken springt Hannah auf und läuft schluchzend hinaus.

Konrad ist traurig. Schließlich hat er das Poster von seinem Taschengeld bezahlt. Und nun ist es für immer zerstört.

„Am liebsten würde ich Hannahs Spielzeug auch kaputt machen, ihr eine Ohrfeige geben oder sie bei Mama und Papa verpetzen, damit sie richtig viel Ärger bekommt", überlegt er. „Oder ich rede ab heute kein einziges Wort mehr mit ihr. Genau, das mache ich!", entscheidet Konrad dann, und gleich geht es ihm ein bisschen besser.

Beim Mittagessen sitzen sich Hannah und Konrad gegenüber. Dabei vermeiden sie es, sich anzublicken.

„Was ist los?", fragt Mama, aber Konrad schmatzt nur und murmelt: „Nichts." Hannah merkt, dass Konrad etwas ausheckt, und fühlt sich unwohl in ihrer Haut. Sie hat Angst, dass ihr Bruder sie bei den Eltern verrät. Doch Konrad tut nichts dergleichen.

Nach dem Essen geht Konrad schnurstracks in sein Zimmer. Hannah folgt ihm eilig, zupft ihn am Ärmel und will mit ihm reden. Doch Konrad behandelt sie wie Luft. Hannah möchte den Streit* zwar beenden, doch sie hat keine Chance. Das ist zu viel für die kleine Hannah, und dicke Tränen kullern über ihre Wangen.

Traurig zieht sich Hannah in ihre Kinderburg zurück. Während sie im Dunkeln sitzt, merkt sie, wie verzweifelt und wütend sie ist.

Irgendwann hat Hannah genug von diesen Gefühlen. Sie beschließt: „Ich muss es wieder gutmachen, vielleicht redet Konrad dann wieder mit mir."

Auf der Suche nach einer zündenden Idee beißt sie sich auf ihre Lippe, kneift die Augen zusammen und murmelt: „Was würde ich mir wünschen, wenn ich Konrad wäre? Womit hätte ich eine Freude?"

Nach wenigen Minuten weiß sie es: „Das ist es!", ruft sie froh und läuft zu ihrem Schreibtisch. Dort holt sie aus der ersten Schublade ihre großen Zeichenblätter und aus der zweiten die Filzstifte. Sie setzt sich hin und fängt an, konzentriert zu malen. Schließlich will sie Konrads Popstar so genau wie möglich nachzeichnen. Dabei verwendet sie vor allem Konrads Lieblingsfarbe grün.

Nach einer Weile legt Hannah die Stifte beiseite. Das Kunstwerk ist vollendet! Gleichzeitig melden sich erste Zweifel, und Hannah fragt sich: „Was wird Konrad wohl dazu sagen? Wird er mich auslachen?"

Hannah ist unsicher. Trotzdem entscheidet sie sich, mutig zu sein und es herauszufinden.

Als Hannah fertig ist, nimmt sie das Bild vorsichtig am oberen Rand und geht damit zum Zimmer ihres Bruders. Doch Konrad reagiert nicht auf ihr Klopfen. Leise öffnet Hannah die Tür einen Spalt. Sie sieht Konrad am Schreibtisch sitzen, den Kopf hat er in die Hände gestützt.

Langsam geht sie zu ihm hin und zeigt ihm ihre Zeichnung. Dann sagt sie ihm das, was sie sich vorher schon gut überlegt hat: „Konrad, es tut mir wirklich leid, dass ich dein Poster kaputt gemacht habe. Deshalb habe ich dir ein neues gezeichnet – mit extra viel Grün. Bitte rede wieder mit mir."

Konrads Ärger ist zwar noch nicht ganz verflogen, aber als er einen Blick auf die Zeichnung wirft, muss er lachen: Obwohl sich Hannah besonders ins Zeug gelegt hat, weisen die Kritzeleien nur sehr wenig Ähnlichkeiten mit seinem Idol auf.

„Hannah ist eben noch klein", denkt er sich.

Flugs nimmt er seine Schwester in die Arme und sagt:

„Entschuldigung angenommen."

Bevor Hannah wieder geht, will Konrad eine Sache unbedingt loswerden:

„Ich möchte, dass du nie mehr ohne zu fragen in mein Zimmer kommst und Blödsinn machst!"

Hannah nickt mit ernstem Gesicht und antwortet: „Ich verspreche es dir".

Dann nimmt Konrad Hannah in die Arme. Und weil das so kitzelt, muss Hannah lachen.

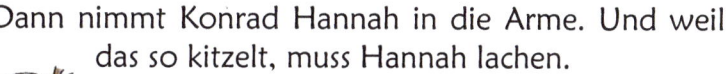

Gewusst wie! Konflikte lösen

1a) Womit macht Hannah ihren Bruder Konrad stocksauer?

2a) Welche Folgen hat die Sache für Hannah?

3a) Welche gute Idee hat Hannah?

4a) Wozu entschließt sich Hannah?

5a) Wie verhält sich Konrad, als Hannah sich entschuldigt?

Die Auflösung der Fragen findest du auf Seite 45!

Zoff in der Schule

Eine Geschichte zum (Vor-)Lesen

Konrad geht gerne in die Schule. Am meisten mag er die große Pause, in der er mit seinem Freund Fred Fußball spielt, Neuigkeiten austauscht oder die Mädchen ein bisschen ärgert.

Heute will Konrad Fred in Ruhe sein neues Handy zeigen, doch er fühlt sich durch die Blicke eines Mädchens gestört.

„Was glotzt du so blöd", mault er. Das Mädchen gibt keine Antwort.

„Ich habe dich etwas gefragt, bist du stumm?", legt Konrad nach.

Wieder bleibt eine Reaktion aus. Das Mädchen sitzt einfach da, isst ihre Jause und starrt ihn weiter an. Konrad fühlt sich nicht ernstgenommen und merkt, wie die Wut in ihm hochsteigt.

„Du bringst mich auf die Palme!", platzt es aus ihm heraus. Doch statt eingeschüchtert zu sein, lacht das Mädchen nur.

Richtig sauer kehrt Konrad mit Fred später in die Klasse zurück.

Fred klopft seinem Freund auf die Schulter und meint: „Ärgere dich nicht über sie. Vielleicht hat sie dich angestarrt, weil sie dich mag?"

„Das soll sie lieber lassen", knurrt Konrad.

Gerade, als sich Konrad ein bisschen beruhigt hat, läuft ihm in der nächsten Pause dasselbe Mädchen erneut über den Weg. Sie blickt ihn wie zuvor an.

„Was willst du?", schreit Konrad.

Das Mädchen kichert: „Bringe ich dich schon wieder auf die Palme?"

Konrad ballt die Faust. Er blickt auf ihre Jause und schimpft: „Lass mich in Ruhe, du ... du ... Fladenbrotfresserin!"

Das hat wohl gesessen.

Das Kichern verstummt zwar, doch Konrad hat keine Zeit, um seinen Triumph auszukosten. Blitzschnell entreißt ihm das Mädchen sein neues Handy, wirft es aus dem offenen Fenster im Gang und läuft davon.

Stocksauer sucht Konrad die restliche Pause gemeinsam mit Fred das Handy im Schulhof. Schließlich finden sie es mit einem kleinen Kratzer unter der Hecke.

„Was hast du jetzt vor?", will Fred wissen. „Keine Ahnung", sagt Konrad. „Aber eines steht fest: Es wird ihr noch leidtun, sich mit mir angelegt zu haben!"

Fred runzelt die Stirn und meint: „Möchtest du ab nun jede Pause mit ihr streiten? Ich würde viel lieber mit dir Fußball spielen."

Auf dem Weg zurück in die Klasse entdeckt Konrad das Mädchen. Sie steht am Gang und plaudert vor der offenen Klassenzimmertür mit ihren Freundinnen.

Konrad hastet auf sie zu und zieht sie an den Haaren. Wenig später liegen sie wild raufend und schimpfend am Boden.

Erst mit dem Trick „Achtung, die Direktorin kommt!" gelingt es Fred, die Streithammel voneinander zu trennen.

Zum Glück hat sich bei der Rauferei niemand verletzt.

Als Konrad und das Mädchen am nächsten Schultag aneinander vorbeigehen, schnauben beide und verdrehen die Augen. Aber Fred wird die Sache zu blöd. Er läuft dem Mädchen hinterher und fängt an, mit ihr zu reden. Konrad beobachtet die beiden und fühlt sich von seinem Freund verraten.

Plötzlich winkt Fred Konrad zu und ruft: „Komm, ich muss dir etwas sagen." Weil Konrad neugierig ist, geht er zu den beiden hin.

„Stell dir vor", sagt Fred, „Meeta möchte mit uns in der Pause Fußball spielen!" Konrad holt Luft, um diesen Vorschlag als dumme Idee abzuschmettern, doch unvermutet findet er Gefallen daran. „Meeta heißt du also", motzt er. „Starrst du gerne andere Leute an und wirfst fremde Handys aus dem Fenster?" „Nur, wenn mich jemand Fladenbrotfresserin nennt", antwortet Meeta. „Du bist wohl einer, der sich schnell aufregt?" Beide lächeln ein wenig.

„Möchtest du mein Fladenbrot probieren?", fragt Meeta dann. Konrad nickt, und Meeta bricht es in mehrere Teile. „Mmh, das schmeckt gut", stellt Konrad fest. „Was ist das Gelbe unter den Tomaten?" „Curry und Gelbwurzel", erklärt Meeta.

Beide schmatzen zufrieden vor sich hin.

„Nussschnecken sind auch lecker – möchtest du davon kosten?", fragt Konrad und hält Meeta eine hin. „Die gibt es bei uns zu Hause nie", meint sie und nimmt sich ein Stück.

„Eigentlich bist du ganz in Ordnung", sagt Meeta nach einer Weile zu Konrad. „Du auch", erwidert Konrad und grinst.

Und Fred, der mit dem Fußball in der Hand auf beide ungeduldig wartet, schreit quer über den Pausenhof: „Jetzt kommt endlich her, sonst ist die Pause vorbei!"

Gewusst wie! Konflikte lösen

1b) Was stört Konrad?

2b) Wie zeigt Konrad, dass er sich gestört fühlt?

3b) Wie reagiert das Mädchen auf Konrads Beleidigung?

4b) Wodurch wird der Konflikt schlimmer?

5b) Wer beendet den Konflikt?

Die Auflösung der Fragen findest du auf Seite 45!

Wenn es zum Konflikt kommt: Informationen für dich!

Was ist ein Streit?

Ein Streit passiert, wenn unterschiedliche Meinungen aufeinanderprallen, ohne dass notwendigerweise eine feindselige Stimmung aufkommt.

Du kannst mit deinem Papa z.B. über das nicht aufgeräumte Zimmer, mit deiner Mama über unangemessene Regeln, mit deinem Bruder um den gemütlichsten Platz auf der Couch beim Fernsehen und mit deiner Freundin über die besseren sportlichen Fähigkeiten streiten.

Ein Streit ist wie ein Gewitter, das plötzlich kommt, heftig ist und sich nach kurzer Zeit wieder verzieht. Mit Versöhnungsbereitschaft auf beiden Seiten und einer ernstgemeinten Entschuldigung lässt sich ein Streit dauerhaft bereinigen.

Was ist ein Konflikt?

Wenn du mit deinem besten Freund/deiner besten Freundin Streit hast und ihn verschlimmerst, wird es gefährlich. Denn aus dem anfänglich harmlosen Streit kann sich rasch ein Konflikt entwickeln.

Ein Konflikt ist etwas, das mindestens zwei Menschen betrifft. Dabei hat der eine oder haben beide das Gefühl, dass der jeweils andere ihn/sie behindert. Und zwar entweder bei dem, was er/sie tut, was er/sie will, was er/sie denkt oder bei dem, was er/sie fühlt.

Konflikte gibt es nicht nur zwischen zwei oder mehreren Personen. Du kannst auch mit dir selbst einen Konflikt haben.

Einen solchen erlebst du zum Beispiel dann, wenn du Hausaufgaben machen sollst, dich aber lieber mit Freunden treffen möchtest. Du bist unsicher, wofür du dich entscheiden sollst, und ärgerst dich deshalb darüber.

Womit kann ein Konflikt beginnen?

Gefühle sind schneller als Gedanken, daher beginnen viele Konflikte mit einem unguten Gefühl: Zum Beispiel, weil man eifersüchtig ist, sich benachteiligt, übergangen, veräppelt, ungerecht behandelt, ausgenutzt, belogen, ausgeschlossen, gekränkt oder beleidigt fühlt.

Stark voneinander abweichende Ansichten, beschädigtes Eigentum oder ein ungeklärter Streit können auch der Anfang von einem Konflikt sein.

Wie verläuft ein eskalierender Konflikt?

Konflikte sind wie eine Achterbahnfahrt, bei der einem ganz übel werden kann. Ein Konflikt beginnt z.B. mit einem Gefühl von Ärger. Dieser mündet in einen Streit zwischen den Konfliktparteien*. Anstatt den Konflikt zu beenden oder zu beruhigen, wird er fortgesetzt und stufenweise gesteigert.

Das Wort „eskalierend" beschreibt genau diese Situation.

Doch wie kommt es zur Eskalation?

Meistens, indem die Konfliktparteien kein gutes Haar aneinander lassen und der Umgang miteinander sehr angespannt ist.

Der Konflikt hinterlässt seine Spuren. Er beschäftigt und belastet alle, die am Konflikt beteiligt sind. Doch da sich Leid gemeinsam besser ertragen lässt, versucht jede/jeder, mitfühlende Unterstützer/Unterstützerinnen zu gewinnen. Mit voller Rückendeckung wird dann gemeinsam überlegt, wie man sich vor Angriffen des Gegners/der Gegnerin schützt, der gegnerischen Seite eins auswischen oder deren Pläne durchkreuzen kann.

Der Konflikt wird zum Mittelpunkt im Leben der Konfliktparteien, weil sich ihre Gedanken, Gefühle und Handlungen fast nur noch um den Konflikt drehen. An einem Konflikt beteiligte Personen fühlen sich zusehends nicht mehr verantwortlich für ihr Tun, denn sie geben der anderen Seite für alles, was ihnen widerfährt oder nicht in den Kram passt, die Schuld.

An diesem Punkt ist der Konflikt sehr eskaliert und die Konfliktparteien wollen sich größtmöglichen Schaden zufügen (körperlich und/oder seelisch). Sogar dann, wenn es für sie selbst von großem Nachteil ist und z.B. einen Schulverweis oder eine anderweitige Bestrafung zur Folge haben kann.

Was bewirken Konflikte?

Konflikte wirken sich auf deine Gefühle, deine Gedanken und dein Verhalten aus. Sie können dich traurig oder wütend machen, ängstigen oder verletzen.

Konflikte stimmen dich manchmal nachdenklich, bereiten dir Kopfzerbrechen oder wecken in dir Rachegedanken. Auch bringen sie dich dazu, dich anders als sonst zu verhalten (z.B. laut, beleidigend, drohend, Türen knallend, zurückhaltend, abweisend oder in sich gekehrt).

Konflikte sorgen fast immer für große Aufregung und Stress.

Sobald sich die Beteiligten bemühen, einander zu verstehen und Lösungen für einen bestehenden Konflikt zu finden, können Konflikte auch positiv und gut sein.

Warum tragen manche mehr Konflikte aus?

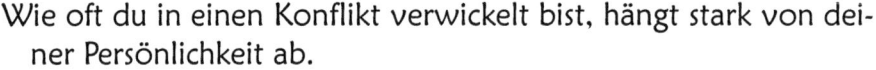

Wie oft du in einen Konflikt verwickelt bist, hängt stark von deiner Persönlichkeit ab.

Du kannst jemand sein, der Konflikte selbstverständlich und regelmäßig austrägt oder bereits beim kleinsten Anzeichen für einen Konflikt schnell das Weite sucht. Wer also Konflikte lösen anstatt sie vergessen oder unter den Teppich kehren will, wird auch häufiger direkt Konflikte austragen.

Personen, die sich Konflikten mutig stellen, geht es auf Dauer sogar besser: Erstens beugen sie einer Verschlimmerung von nicht gelösten Konflikten vor, und zweitens üben und verbessern sie regelmäßig ihre Fähigkeiten, Konflikte zu lösen.

Jene, die Scheu vor Konflikten haben und sie tunlichst vermeiden wollen, plagen sich dennoch mit ihren Auswirkungen herum und sind, bis es eine Lösung gibt, damit beschäftigt.

Welche Einstellungen gegenüber Konflikten gibt es?

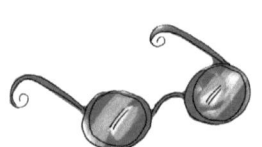

Die Einstellung oder Sichtweise, die jemand zu einer Sache hat, bestimmt meist auch sein/ihr Verhalten.

Umgekehrt gibt das Verhalten einer Person immer wieder Auskunft über ihre Einstellung zu Konflikten und ihren Umgang damit.

Es gibt viele verschiedenen Einstellungen, wie Kinder und Erwachsene mit Konflikten umgehen. Welche der möglichen Antworten ist typisch für dich?

- „Ich will meine Wünsche, Bedürfnisse und Ziele unbedingt durchboxen."
- „Ich möchte gewinnen. Wenn es sein muss, um jeden Preis."
- „Ich will für mich das beste Ergebnis erzielen."
- „Ich bin bereit, fiese Tricks einzusetzen."
- „Ich bin der Feind des anderen."
- „Ich will den Konflikt beenden."
- „Ich will mein Gegenüber nicht ausstechen, sondern mich mit ihm einigen."
- „Ich möchte den Konflikt so lösen, dass wir später gut miteinander klarkommen."
- „Ich will meinem Gegenüber mein Verhalten erklären."
- „Ich will mich fair und respektvoll verhalten."

Und, hast du dich in der Aufzählung wiedergefunden? Wahrscheinlich ahnst du schon, dass deine grundsätzliche Einstellung gegenüber Konflikten auch dein Konfliktverhalten beeinflusst.

Wie können Konflikte ausgetragen werden?

Viele Kinder haben gelernt, dass Stärkere oder Geschicktere die größten Gewinnchancen haben. Auch enden die meisten Gesellschaftsspiele dann, wenn der Sieger/die Siegerin feststeht. Wen wundert es also, wenn Menschen versuchen, Konflikte zu gewinnen, um sich durchzusetzen?

Das ist aber leider etwas kurzsichtig. Die Erfahrung zeigt nämlich, dass Konfliktparteien, die sich um die Beendigung des Konfliktes bemühen – statt einander um jeden Preis ausstechen zu wollen – jeweils ein besseres Ergebnis für beide erzielen.

Ein Konflikt kann somit auf verschiedene Arten ausgetragen werden: Entweder, indem die eine Seite gewinnt und die andere verliert, oder, indem beide Seiten verlieren oder beide Seiten Gewinner/Gewinnerinnen sind.

Was findest du sinnvoller und fair?

Wann wird aus einem Konflikt Gewalt?

Vor allem, wenn du dich gekränkt fühlst, fällt es besonders schwer, einen kühlen Kopf zu bewahren und sich um eine gute Lösung zu bemühen.

Dauert ein Konflikt schon länger an und du und dein Gegenüber seid ungeübt darin, ihn zu lösen, kann er schnell eskalieren. Das bedeutet, er wird immer heftiger, weil sich die Konfliktparteien zusehends wie Feinde verhalten. Nicht selten kommt dabei Gewalt ins Spiel.

Durch aggressives Verhalten oder Drohgebärden kann aus einem Konflikt ein Kampf werden. Bei diesem fügen sich die Konfliktparteien entweder körperliche Gewalt (z.B. an den Haaren ziehen, sich prügeln, schubsen) oder seelische Gewalt (z.B. sich beschimpfen, demütigen oder ausgrenzen) zu.

Kommt es zu gewalttätigem Verhalten, kann der Konflikt meist nur noch mithilfe eines Vermittlers/einer Vermittlerin beendet werden.

WAS VERSCHLIMMERT EINEN KONFLIKT?

Kennst du den Spruch „Öl ins Feuer gießen"? Er vermittelt, dass jemand absichtlich etwas tut, um eine Situation zu verschlimmern. Auch ein Konflikt kann angeheizt werden, wenn die Beteiligten folgende Dinge tun:

- Sie hören auf, normal miteinander zu reden.
- Sie behandeln einander wie Luft.
- Sie versuchen, einander auszugrenzen.
- Sie versuchen, andere Menschen in den Konflikt einzubeziehen (z.B. indem sie üble Dinge über den anderen erzählen oder unwahre Behauptungen aufstellen).
- Sie ärgern sich absichtlich.
- Sie beleidigen sich (vor anderen).
- Sie stellen den Konfliktgegner/die Konfliktgegnerin vor anderen bloß.
- Sie machen abfällige Bemerkungen hinter dem Rücken des anderen.
- Sie bedrohen den Konfliktgegner/die Konfliktgegnerin oder kündigen an, etwas Schlimmes zu tun oder dass etwas Schlimmes passieren wird.
- Sie denken nach, wie sie dem anderen Schaden zufügen können.
- Sie nehmen ihr Gegenüber nicht mehr als Mensch, sondern als Problem, als Ding oder als Sache wahr.
- Sie denken nicht darüber nach, ob ihr Verhalten fair und respektvoll ist.

Hast du selbst bereits ein paar dieser Dinge gemacht oder erfahren? Wenn ja, wie lange hat es sich gut angefühlt und wie ist der Konflikt ausgegangen?

Was beruhigt einen Konflikt?

Auf lange Sicht gesehen ist es immer die klügere Entscheidung, Konflikte zu beruhigen, anstatt sie zu verschlimmern. Am besten gelingt das so:

- Nimm eine entspannte und offene Körperhaltung ein.
- Verzichte auf Beleidigungen, Drohungen und negativ besetzte Worte.
- Bleib bei der Sache und lasse Vergangenes ruhen.
- Thematisiere, worum es dir geht.
- Sprich in ruhigem Ton und sende „Ich-Botschaften" aus. Sage z.B.: „Ich bin traurig, weil ich dachte, du machst dich über mich lustig" oder „Ich bin sauer, weil ich wegen dir geschimpft wurde".
- Höre dir die Sichtweise des Gegenübers an und versuche, dich in ihn/sie hinein zu fühlen. So kannst du auch seine/ihre Sicht verstehen und bringst vielleicht mehr Verständnis für die Reaktion deines Gegenübers auf.

Probiere diese Tipps beim nächsten Konflikt aus. Klappt das Konfliktlösen nicht auf Anhieb, bleibe trotzdem dran und versuche erneut, den Konflikt zu lösen.

 Tipp: Sobald sich ein Konflikt etwas beruhigt hat, ist ein guter Zeitpunkt gekommen, um über seine Lösung nachzudenken.

Welche Fähigkeiten zur Konfliktlösung sind nützlich?

So, wie du beim Radfahren gelernt hast, Gleichgewicht zu halten, zu lenken, zu beschleunigen und zu bremsen, ist es enorm wichtig, bestimmte Konfliktlösefähigkeiten zu erlernen und zu üben.

Einige dieser Fähigkeiten beherrschst du bereits. Manch andere stecken noch in dir drin und warten nur darauf, eingesetzt zu werden. Zu den wichtigsten Fähigkeiten zählen:

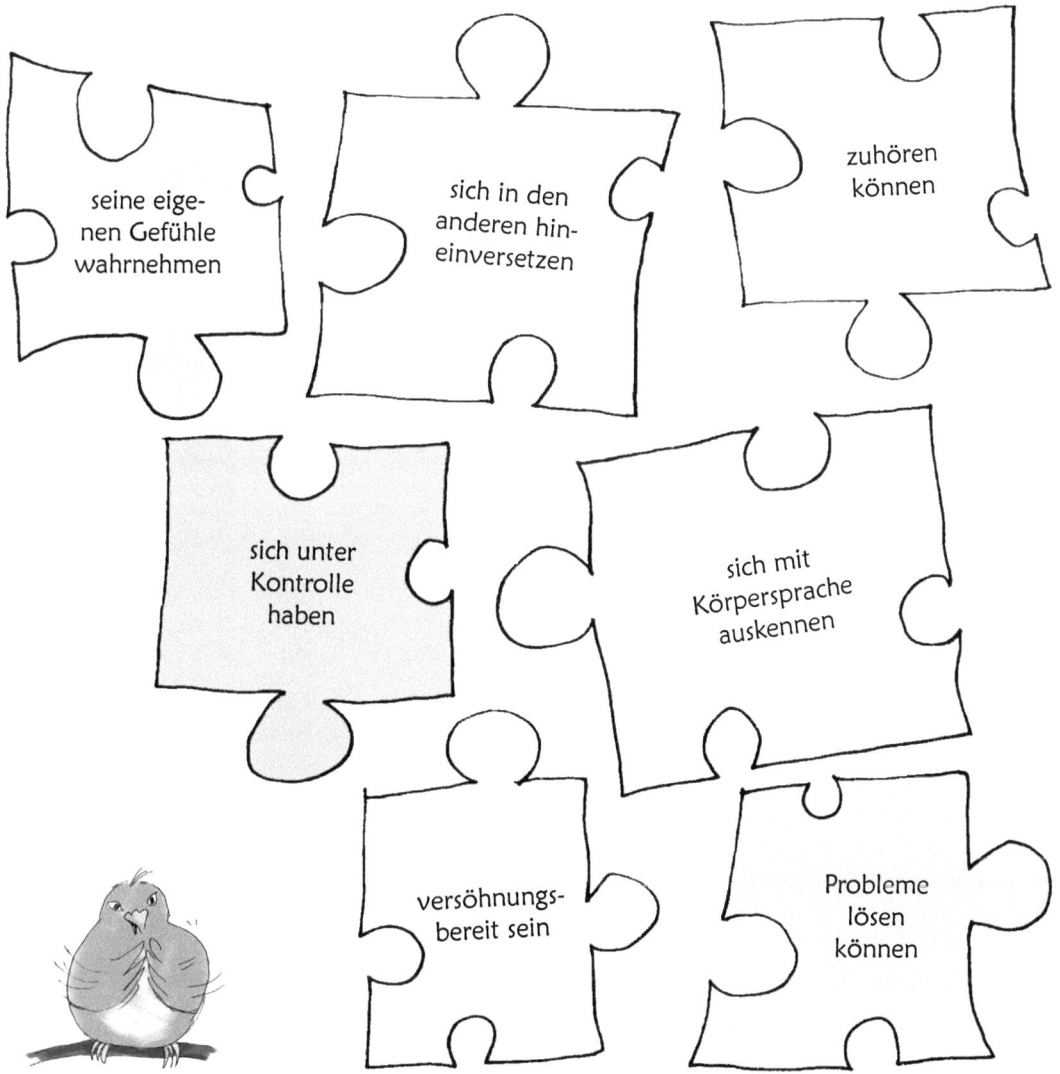

Seine eigenen Gefühle wahrnehmen

Menschen mit großem Kummer wünschen sich häufig, nichts mehr zu spüren, weil sie mit ihren Gefühlen nur noch schwer zurechtkommen. Doch Gefühle helfen einem dabei, Erlebnisse, Reaktionen und Bedürfnisse zu beschreiben. Sie steuern das Verhalten und ermöglichen uns, Beziehungen aufzubauen und zu bewahren.

Gute Gefühle sind etwas Positives: Sie machen das Leben abwechslungsreich. Unangenehme Gefühle sind wie ein Wachhund: Sie zeigen, dass etwas nicht in Ordnung ist.

Überraschung, Freude, Trauer, Wut, Furcht, Ekel und Verachtung sind die Grundgefühle, aus denen alle anderen Gefühle hervorgehen. So kannst du dich z.B. verliebt, einsam, neugierig, schüchtern, misstrauisch, entspannt, mürrisch, verlegen, entschlossen, zufrieden, angeekelt, interessiert, lässig, verwirrt, kraftvoll, erschöpft, abenteuerlustig oder stolz fühlen.

Je nachdem, welches Gefühl im Moment besonders stark ist, wird es sich in deinem Gesicht, in deiner Körperhaltung oder darin, wie du sprichst, zeigen. Es sei denn, du unterdrückst dein Gefühl oder versuchst, es vor anderen geheim zu halten.

Hast du Lust auf Gefühlstraining? Dann beantworte die folgenden Fragen:

- An welchem Ort fühlst du dich außerordentlich wohl?
- Welche Farbe hat dein Lieblingsgefühl?
- Welches Gefühl spürst du im Moment intensiv? Wo spürst du es und womit hat es zu tun?
- Welche Gefühle sind dir unangenehm?
- Was tust du, um mit unangenehmen Gefühlen klarzukommen?
- Welche Gefühle sind dir sehr vertraut?
- Welches bestimmte Gefühl möchtest du kennenlernen?

Tipp: Wer seine eigenen Gefühle gut wahrnehmen und beschreiben kann und in der Lage ist, sie bestimmten Ereignissen zuzuordnen, erkennt sie auch bei anderen einfacher.

Sich in den anderen hineinversetzen

Die meisten Menschen sind im Alltag so mit sich selbst beschäftigt, dass sie ungeübt darin sind, andere um sich herum wahrzunehmen. Wer jedoch versucht, die Geschehnisse mit den Augen seines Gegenübers zu betrachten, indem man sich in ihn/sie hineinfühlt und hineindenkt, versteht seine/ihre Gefühle, Verhaltensweisen, Bedürfnisse und Meinung rasch besser.

Natürlich ist es leichter, sich in eine vertraute als in eine fremde Person einzufühlen.

 Hier bekommst du einen Tipp, wie du üben kannst, dich in Menschen hineinzuversetzen, die du noch nicht (so gut) kennst:

- ❀ Wenn du mit dem Bus fährst oder große Pause hast, dann blicke dich sorgfältig um.
- ❀ Suche dir gezielt eine Person aus und überlege, wie es dieser Person wohl im Moment geht. Anhaltspunkte dafür können ihr Verhalten oder ihre Körpersprache sein.
- ❀ Wirkt die Person zufrieden, traurig oder knatschig? Womit könnte das zu tun haben und was würde die Stimmung günstig beeinflussen?
- ❀ Du kannst dir auch Gedanken darüber machen, wie das Zimmer der fremden Person eingerichtet ist und welche Interessen er/sie möglicherweise hat. Achte dabei z.B. auf den Stil der Kleidung oder Fanartikel (Sticker, Buttons, Logos).

Zuhören können

Gut Zuhören können ist eine Kunst, da hierfür ein Bündel an Fähigkeiten notwendig ist. So ist es wichtig, die andere Person anzusehen, ihr mit einer entspannten Körperhaltung gegenüber zu stehen oder zu sitzen und ihr durch Nicken oder „Aha-Sagen" zu vermitteln, dass man dem Gespräch folgt. Zwischendurch, z.B. in einer Pause oder am Ende des Gesprächs, hat der Zuhörer/die Zuhörerin die oft schwierige Aufgabe, das Gesprochene in eigenen Worten zusammenzufassen. Und zwar so lange, bis der Gesprächspartner/die Gesprächspartnerin die Richtigkeit, z.B. durch Nicken oder „Ja, das stimmt"-Sagen, bestätigt hat.

Sich unter Kontrolle haben

Sich selbst unter Kontrolle haben bedeutet, sich auch in herausfordernden Situationen steuern zu können. Wird das Verhalten anderer als störend und ablenkend empfunden, nehmen viele Kinder bei sich eine enorme Anspannung wahr. Diese ist häufig kaum auszuhalten und bringt Kinder sogar dazu, unbedacht zu handeln, wodurch Menschen verletzt oder Gegenstände zerstört werden können. Sich unter Kontrolle zu haben ist eine Fähigkeit, die gelernt werden kann. Am besten funktioniert es, indem du dir folgende Fragen stellst und sie für dich beantwortest:

1. Welche Situationen setzen dich unter Druck, stressen, provozieren dich?
2. Wie beeinflussen diese Situationen dein Denken, Fühlen und Verhalten?
3. Welche Fähigkeit brauchst du, um dich besser unter Kontrolle zu haben?
4. Welchen Nutzen hat diese Fähigkeit für dich?
5. Wer kann dich beim Erlernen der benötigten Fähigkeit auf welche Weise unterstützen?

Tipp: Eine neue Fähigkeit zu lernen macht viel mehr Spaß, als sich in schwierigen Situationen vorzunehmen, nicht auszuflippen.

Sich mit Körpersprache auskennen

Eine Katze macht einen Buckel und zeigt damit, dass ihr etwas missfällt. Schwanzwedeln bei einem Hund heißt, dass er sich freut. Tierliebe Menschen können die Körpersprache ihrer Lieblinge sehr gut deuten.

Doch nicht nur Tiere signalisieren mit ihrer Körpersprache, was in ihnen vorgeht. Sich in der menschlichen Körpersprache auszukennen, ist eine nützliche Fähigkeit, denn der Körperausdruck macht die häufig unausgesprochenen Gefühle, Absichten und Gedanken des anderen sichtbarer. So können z.B. hängende Schultern Gleichgültigkeit, eine stocksteife Haltung, Anstrengung und Angespanntheit, sich am Kopf reiben Verlegenheit und ein von unten nach oben gerichteter Blick Misstrauen ausdrücken. Eine kritische Haltung wird durch verschränkte Arme und einen nach unten geneigten Kopf vermittelt, während ein zur Seite geneigter Kopf und ein offener Blick auf Interesse hinweist.

Um die Körpersprache deines Gegenübers richtig zu deuten, sind Körperhaltung, Blick und Gesten stets im Zusammenspiel und in der jeweiligen Situation wahrzunehmen. Auch sollst du wissen, dass manche Körperhaltungen sowie Bewegungen des Kopfes, der Hände und der Arme in verschiedenen Ländern eine unterschiedliche Bedeutung haben. So heißt das Kopfschütteln in den meisten Ländern „nein", in manchen Ländern, wie etwa Griechenland oder Bulgarien, jedoch „ja".

In vielen Regionen Asiens ist das Händeschütteln nicht üblich und manchmal sogar unhöflich, während du von deinen Eltern oder Großeltern vielleicht schon oft gehört hast, dass du bei einer Begrüßung die Hand reichen sollst.

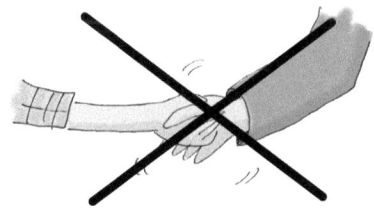

Versöhnungsbereit sein

Versöhnungsbereitschaft ist die Grundvoraussetzung, um Konflikte beizulegen und Frieden zu schließen. Wer versöhnungsbereit ist, geht auf den anderen zu, achtet ihn und versucht, ernsthaft eine gute Lösung für beide Seiten zu finden. Versöhnungsbereite Personen sind Friedensstifter/Friedensstifterinnen, weil sie die Sache klären wollen, geduldig sind, gute Entscheidungen treffen können und trotz starker Gefühle die Absicht haben, den Konflikt im Guten zu lösen. Schön ist, wenn sich die Konfliktparteien am Ende des Gesprächs als Zeichen der Versöhnung z.B. umarmen, die Hand oder einen Handschlag geben oder liebevoll knuffen.

Probleme lösen können

Die meisten Menschen verhalten sich bei Problemen etwas eigenartig: Sie versuchen, zuerst herauszufinden, warum sie ein bestimmtes Problem haben. Erst wenn sie meinen, die Ursache entdeckt zu haben, packen sie das Problem an. Viele von uns grübeln also zuerst ewig darüber nach, warum sie ein bestimmtes Problem haben, weil sie glauben, nur so eine zündende Idee zu bekommen, wie sie es lösen können. Doch „die" Ursache zu finden ist meist ein genauso aussichtsloses Unterfangen wie das Suchen einer Nadel im Heuhaufen! Deshalb ist es viel erfolgversprechender, sich realistische und erreichbare Ziele zu setzen. Insbesondere solche, die sich günstig auf Probleme auswirken, sie verkleinern oder gänzlich zum Verschwinden bringen.

> Sprich mit deiner besten Freundin/deinem besten Freund oder deinen Eltern über deine Sorgen. Noch besser ist: Rede gemeinsam mit der betroffenen Person über dein/euer Problem.

Wenn du eine konkrete Anleitung zum Lösen von Problemen bevorzugst, dann beantworte die folgenden sechs Fragen. Sie sind zugleich eine Methode, mit der du Probleme schrittweise anpacken kannst:

1. Was ist dein Problem?

2. Was macht dein Problem mit dir?

3. Welche Lösungen gibt es für dein Problem?

4. Welche Lösung ist die beste für dich?

5. Wie kannst du vorgehen?

6. Wer oder was kann dich bei deinem Vorhaben unterstützen?

Woran wirst du merken, dass du auf dem richtigen Weg bist?

Wie löst du einen Konflikt?

Mit starken Gefühlen lässt sich ein Konflikt nicht lösen, sondern nur verschlimmern. Achte daher darauf, kühlen Kopf zu bewahren. Gib auch der Konfliktpartei Zeit, sich zu beruhigen. Es ist klüger, über die eigene Wut zu sprechen, als sie am anderen auszulassen!

Damit aus einem Konflikt alle Beteiligten als Gewinner und Gewinnerinnen hervorgehen, probiere Folgendes aus:

1. Beschreibe das Problem sowie deine damit verbundenen Gedanken und Gefühle aus deiner Sicht.

2. Prüfe, ob dich dein Gegenüber richtig verstanden hat. Dazu bittest du ihn/sie, das Gesprochene in seinen/ihren Worten zusammenzufassen. Und zwar solange, bis es für euch beide passt.

3. Höre dir dann die Sichtweise deines Gegenübers in Ruhe an. Bleibe auch bei Vorwürfen oder harter Kritik gelassen.

4. Wiederhole das Gesagte nun in deinen Worten. Vergewissere dich, dass du dein Gegenüber richtig verstanden hast.

5. Sucht im Anschluss gemeinsam nach passenden Lösungen. Wählt jene Lösung aus, die euch beiden am besten erscheint und zufrieden stimmt.

6. Schließt Frieden, indem ihr euch z.B. die Hand gebt.

Tipp: Eine Konfliktlösung ist eine sehr persönliche Sache. Man sollte dafür ungestört sein. Daher ist es günstig, zur Konfliktlösung einen bestimmten Zeitpunkt und einen passenden Ort auszuwählen.

Woran merkst du, dass ein Konflikt gelöst ist?

Wenn ein Konflikt so gelöst wurde, dass beide Seiten Gewinner und Gewinnerinnen sind, macht sich das sofort bemerkbar: Die Stimmung ist entspannter und die Konfliktparteien wirken zufriedener und erleichtert. Man spricht wieder ruhig miteinander, und vielleicht gibt es sogar etwas, worüber man gemeinsam schmunzeln oder lachen kann.

Bei manchen Menschen kommen später trotzdem Zweifel auf, ob der Konflikt wirklich gelöst ist. Doch das ist ganz einfach festzustellen:

Wenn du mit der ehemaligen Konfliktpartei in dieselbe Klasse gehst, dann entscheide dich dafür, die nächste Gruppenaufgabe gemeinsam mit ihm/ihr zu lösen.

Wenn du im Alltag weniger mit ihm/ihr zu tun hast, dann spreche ihn/sie beim nächsten zufälligen Treffen an und frage: „Wie geht es dir?" oder „Alles klar bei dir?".

Was passiert, wenn ein Konflikt ungelöst bleibt?

Das ist nicht so einfach zu beantworten. Schließlich hängt es davon ab, wie sehr der Konflikt verschlimmert wurde, ob Gewalt im Spiel war und was die Konfliktparteien davon abgehalten hat, den Konflikt zu lösen oder zumindest zu beruhigen.

Ein Konflikt, der so ausgetragen wurde, dass die eine Seite gewinnt und die andere verliert, ist oft ein Nährboden für weitere Auseinandersetzungen.

Ein schwelender und heftiger Konflikt zwischen Mitschülern/Mitschülerinnen wird manches Mal mit einem Schul- oder Klassenwechsel beendet, ohne dass die Beteiligten Frieden miteinander schließen.

Bei mehrfacher körperlicher Gewalt kann es sein, dass die gewaltausübende Person vorübergehend vom Schulbesuch ausgeschlossen wird und erst lernen muss, sich unter Kontrolle zu haben und Konflikte gewaltfrei zu lösen. Das geht am besten mit Unterstützung eines Psychologen oder einer Pychotherapeutin. Manchmal ist es auch notwendig, sich in einer psychiatrischen Klinik helfen zu lassen.

Ungelöste Konflikte hinterlassen ein komisches oder bitteres Gefühl. Ein ähnliches Gefühl ist bei Misserfolgen spürbar. Laufen sich die Konfliktparteien regelmäßig über den Weg, bleibt auch die Erinnerung an ungelöste Konflikte wach.

Tipp: Ungelöste Konflikte haben meist unangenehme Nebenwirkungen. Daher ist es immer besser, sie möglichst rasch und zum Wohle beider Seiten zu lösen.

Was ist der Unterschied zwischen Necken und Beschimpfen?

Gerade Geschwister sind auffallend geübt darin, sich gegenseitig zu necken. Denn wer seinen Alltag miteinander teilt, weiß auch sehr gut, welche Macken der andere hat und wie man ihn/sie am besten damit aufziehen kann.

Die Kunst beim Necken liegt darin, sein Gegenüber liebevoll auf die Schippe zu nehmen, ohne es zu beleidigen, bloßzustellen oder zu verletzen. Passiert es deiner Schwester z.B. regelmäßig, dass sie beim Streichen des Marmeladenbrotes über den Teller auf den Boden bröselt, dann ist es ok, wenn du sie hin und wieder lächelnd „Meine Schwester, das Krümelmonster" nennst.

Beschimpfen ist dagegen eine äußerst unschöne Art, miteinander umzugehen. Denn Menschen beschimpfen andere meist dann, wenn sie großen Ärger verspüren oder durch etwas sehr aufgebracht sind. Beschimpfungen zielen darauf ab, andere vor und nach Auseinandersetzungen zu beleidigen, einzuschüchtern oder herauszufordern.

Fast immer beschimpft man jemanden, ohne davor gründlich nachgedacht zu haben. Deshalb schämen sich manche auch für das, was sie gesagt haben, sobald sie sich abgeregt haben.

Tipp: Überlege das nächste Mal eine Extra-Runde, bevor du losschimpfst. Vielleicht kannst du das Schimpfen dann sein lassen und findest andere Wege, dich mitzuteilen.

Wie kannst du auf Beleidigungen reagieren?

Beleidigungen sind ein fieses Mittel, um Konflikte zu verschärfen. Wenn sie dir vor den Latz geknallt werden, ist es deine Entscheidung, wie du reagierst. Lässt du dich von den Beleidigungen provozieren, indem du selbst zu beleidigen und beschimpfen beginnst, wird der Konflikt andauern oder sogar in Handgreiflichkeiten münden. Möchtest du stattdessen die Situation beruhigen, kannst du z.B. mit folgenden Antworten reagieren:

- „Es ärgert mich, wenn du mich beschimpfst."
- „Ich mag es nicht, dass du mich so nennst."
- „Was du sagst, macht mich traurig."
- „Wieso redest du so mit mir?"

Tipp: Zeigt sich dein Gegenüber davon unbeeindruckt, sage ganz einfach: „Das lasse ich mir von dir nicht gefallen, ich gehe jetzt." und ziehe dich zurück.

Wie bleibst du trotz Kritik gelassen?

Kritik zu empfangen ist genauso schwer, wie bei Beleidigungen gelassen zu bleiben.

Im Unterschied zu Lob, das einen innerlich wachsen lässt, ist Kritik eine meist schwer verdauliche Kost. Dabei handelt es sich um eine grundlegende soziale Fähigkeit, Kritik anzunehmen und darüber nachzudenken, inwiefern die andere Person mit ihrer Einschätzung ins Schwarze getroffen hat. Schließlich halten uns andere Personen häufig einen Spiegel vor, in den wir nur zu selten freiwillig blicken würden.

Vor allem sachlich geäußerte Kritik, wie z.B. „Kann es sein, dass du ein schlechter Verlierer bist?" oder „Mir fällt auf, dass du immer die Augen rollst, wenn Paula den Ball nicht fängt.", weist darauf hin, dass sich dein Gegenüber bereits Gedanken über die passende kritische Formulierung gemacht hat und nicht die Absicht hat, dich zu kränken oder zu beleidigen.

Möchte dir jemand eine kritische Rückmeldung über eine bestimmte Sache oder dein Verhalten geben, dann reagiere folgendermaßen:

- Du atmest durch die Nase ein und durch den Mund aus.
- Du erinnerst dich daran, dass jeder ein Recht auf seine Meinung hat.
- Du hörst dir die Kritik in Ruhe an, ohne den anderen zu unterbrechen.
- Du prüfst innerlich, was die Kritik mit dir macht.

- Du überlegst, ob du gleich auf die Kritik antworten möchtest (oder vielleicht erst etwas später).
- Du wählst deine Worte im Falle einer Antwort mit Bedacht.
- Du fragst nach, wenn du etwas nicht verstanden hast.

Viele nehmen eine Kritik fälschlicherweise zum Anlass, sich im Gegenzug über die andere Person zu beschweren oder ihr Vorwürfe zu machen. Das ist ungünstig, weil es meist in eine Auseinandersetzung mündet.

Genauso ungeschickt ist es, dein Verhalten mit lauter „ja, aber" zu rechtfertigen oder den anderen davon überzeugen zu wollen, dass er/sie Unrecht hat.

 Tipp: Meinungen und Geschmäcker sind und bleiben einfach eine persönliche Sache, der du dich nicht zu unterwerfen brauchst.

Wieso sind „Ich-Botschaften" besser als „Du-Botschaften"?

Der Satz „Du Fladenbrotfresserin!" ist eine „Du-Botschaft". „Du-Botschaften" verhindern die Lösung eines Konflikts, weil sie den anderen beschuldigen, bewerten und in die Ecke drängen, ohne von der eigenen Person etwas preiszugeben.

Im Unterschied dazu ermöglichen „Ich-Botschaften", aufeinander zuzugehen und Frieden zu schließen. Denn sie helfen, Stimmung, Gefühle und Gedanken mitzuteilen, und signalisieren gleichzeitig eine Bereitschaft, den Konflikt zu beenden. Eine Ich-Botschaft erklärt, wie du dich fühlst und wie es dazu gekommen ist, dass du dich so fühlst. Vermeide allerdings das Wort „immer", sonst wird aus einer Ich-Botschaft im Nu ein Vorwurf.

 *Tipp:* In „Ich-Botschaften" drücken sich nur jene Personen aus, die bereits über sich selbst und ihr Verhalten nachgedacht haben und einen Konflikt mit zwei Gewinnern/Gewinnerinnen beenden wollen.

Was ist, wenn Reden nicht hilft?

Wenn Reden nicht hilft, dann hast du es ungeschickt angepackt oder es hat mit der Einstellung deines Gegenübers zu tun.

Manchmal kommt es vor, dass der/die andere kein Interesse an der Beendigung eines Konfliktes hat. Das merkst du z.B. daran,

dass er/sie dich beleidigt, dich absichtlich ärgert oder versucht, den Konflikt zu verschlimmern. In solchen Situationen ist es klug, das Konfliktgespräch schnellstmöglich zu beenden oder zu fragen: „Was ist los mit dir?", „Weshalb behandelst du mich so?" oder „Was habe ich dir getan?"

Sollte nach einiger Zeit dein Konfliktpartner/deine Konfliktpartnerin doch Bereitschaft an der Lösung des Konfliktes zeigen, ist es wichtig, seinen Stolz zu vergessen und offen für die Problemlösung zu sein.

Tipp: Erstens ist es unglaublich erleichternd, einen Konflikt gut gelöst zu haben, und zweitens macht Erfolg mutig.

Wie können dich Mediatoren/Mediatorinnen unterstützen?

Ein Mediator*/eine Mediatorin ist eine Person, die bei Konflikten zwischen den Konfliktparteien vermittelt.

In vielen Schulen werden interessierte Kinder und Jugendliche als Mediator/Mediatorin ausgebildet, um Konflikte unter Gleichaltrigen lösen zu helfen. Ihre Aufgabe ist es, einen guten Gesprächsort auszuwählen, den Gesprächsverlauf zu steuern, auf die Einhaltung der Gesprächsregeln zu achten und die Machbarkeit von Lösungen – bei denen beide Seiten gewinnen – zu prüfen.

Bevor eine Mediation* begonnen werden kann, muss geklärt werden, ob die Konfliktparteien wirklich den Konflikt lösen wollen.

Ist es so, dann geht ein Mediator/eine Mediatorin schrittweise vor:

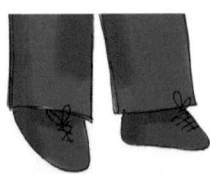

1. Informieren

Der Mediator/die Mediatorin erklärt den Konfliktparteien, wie das Gespräch abläuft, welche Gesprächsregeln einzuhalten sind (z.B. zuhören, respektvoll sein, auf Vorwürfe verzichten) und dass das Gespräch vertraulich ist, d.h. dass niemand außer den Beteiligten davon erfahren soll.

2. Zuhören

Die Konfliktparteien werden aufgefordert, ihre Sichtweisen zu schildern. Der Mediator/die Mediatorin vergewissert sich, dass er/sie alles richtig verstanden hat, und fasst das Gesagte nochmals zusammen. Danach werden die Konfliktparteien aufgefordert, auf die Schilderungen ihres Gegenübers einzugehen.

3. Situation klären

Unklarheiten oder Widersprüchlichkeiten greift der Mediator/die Mediatorin auf, um anschließend Gemeinsamkeiten (z.B. Interessen, Wünsche) zwischen den Konfliktparteien zu suchen. Sobald die Konfliktparteien ausreichend gelassen aufeinander reagieren, werden sie eingeladen, sich in ihr Gegenüber hineinzuversetzen und den Konflikt mit seinen/ihren Augen zu betrachten.

4. Konfliktlösung suchen und unterstützen

Der Mediator/die Mediatorin erkundigt sich, was sich die Konfliktparteien voneinander wünschen. Er/sie achtet besonders drauf, dass die Wünsche positiv formuliert (z.B. Person A soll aufhören, über Person B schlecht zu reden; Person B soll zu Person A freundlicher sein) und umsetzbar sind. Gut ist, wenn beide Konfliktparteien die Wünsche erfüllen wollen. Ist dies nicht der Fall, müssen sich die Konfliktparteien eine Lösung mit Minimalübereinstimmung einfallen lassen. Zum Beispiel, sich künftig respektvoller zu behandeln.

5. Für Verbindlichkeit sorgen

Haben sich die Konfliktparteien auf eine Lösung geeinigt, wird diese Vereinbarung von dem Mediator/der Mediatorin aufgeschrieben. Die Konfliktparteien versprechen durch ihre Unterschrift, dass sie sich daran halten.

6. Erfolg prüfen

Nach einiger Zeit vergewissert sich der Mediator/die Mediatorin, ob sich die ehemaligen Konfliktparteien an die Vereinbarung halten und wie das Miteinander klappt.

Bleibt der Erfolg aus, kann er/sie neuerlich seine/ihre Hilfe anbieten.

Tipp: Weißt du, ob es in deiner Schule Mediatoren/Mediatorinnen, auch Streitschlichter genannt, gibt? Kennst du jemanden, der bereits positive Erfahrungen mit ihnen gemacht hat? Mach dich doch schlau, dann bist du für den Notfall gerüstet!

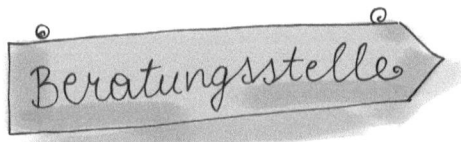

Wobei können dich Psychologen/Psychologinnen oder Psychotherapeuten/Psychotherapeutinnen unterstützen?

Ein Psychologe*/eine Psychologin oder ein Psychotherapeut*/eine Psychotherapeutin kann dir helfen, wenn ein Problem zu groß für dich wird und du nicht mehr alleine damit zurechtkommst.

Ein solches Problem erkennst du z.B. daran, dass dich etwas sehr beschäftigt, du weniger und schlechter schläfst oder du keine Lust mehr hast, Freunde und Freundinnen zu treffen. Auch fühlst du dich eventuell schlecht gelaunt oder niedergeschlagen, und bist leicht reizbar oder wütend.

Wachsen dir die Konflikte mit Mitschülern und Mitschülerinnen, Geschwistern oder Erwachsenen über den Kopf oder halten sie dich davon ab, regelmäßig in die Schule zu gehen, dann suche dir psychologische oder psychotherapeutische Hilfe.

 Durch bestimmte Fragen, Fragebögen, Übungen, Geschichten oder Spiele trägt ein Psychologe/eine Psychologin oder ein Psychotherapeut/eine Psychotherapeutin zu neuen Erkenntnissen über dich, deine Fähigkeiten und deinen Umgang mit Konflikten bei.

Diese Fachleute können für dich gute Zuhörer und Zuhörerinnen sein und dich auch auf neue Ideen bringen. In gemeinsamen Gesprächen mit deinen Eltern wird überlegt, wer was machen kann, damit es dir wieder besser geht.

 *Tipp*: Ein Psychologe/eine Psychologin oder ein Psychotherapeut/eine Psychotherapeutin kann gemeinsam mit dir (und deiner Familie) herausfinden, welche Dinge in deinem Leben besser, einfacher und schöner sein sollen und wie du deine Ziele erreichst.

Manche Psychologin oder mancher Psychotherapeut ist dir sympathischer und lieber als ein(e) andere(r). Dieser Unterschied ist enorm wichtig, denn nur jener Person, die du magst, wirst du von deinen Sorgen erzählen wollen.

Achte also darauf, dass du bei jemandem landest, bei dem du dich wohlfühlst und wo die erwünschten Veränderungen auch tatsächlich geschehen.

Bleibt der Erfolg aus und gehst du nur ungern zu den Terminen, teile das unbedingt deinen Eltern mit. Ziemlich sicher finden sie jemanden, der besser zu dir passt.

Tipp: Behalte stets in Erinnerung, dass dich die Fachleute nur mit deiner Mithilfe gut unterstützen können.

So wie es häufig einen Schularzt/eine Schulärztin gibt, stehen in einigen Schulen ein Psychologe/eine Psychologin zu bestimmten Zeiten für Beratungen zur Verfügung. Das ist eine gute Sache, weil sich Jungen und Mädchen auf diese Weise eigenständig, rasch und unkompliziert Hilfe holen können.

Betreffen bestimmte Konflikte die ganze Klasse, dann wird gemeinsam mit dem Psychologen/der Psychologin überlegt, worum es geht und wie der Konflikt gelöst werden kann.

Auflösung der Fragen

1a) Hannah schleicht sich heimlich in Konrads Zimmer, stöbert dort herum und bemalt Konrads Poster. Aus Konrads Sicht war das Poster danach zerstört, obwohl Hannah dachte, dass sie es verschönert hat.

2a) Konrad beschimpft Hannah und wirft sie aus seinem Zimmer. Er redet mit ihr kein Wort und behandelt sie wie Luft. Auch zeigt er ihr, dass er noch nicht Frieden schließen will. Hannah ist wegen Konrads Reaktion traurig, verzweifelt und wütend.

3a) Hannah hat die Idee der Wiedergutmachung. Sie hofft, dass ihr Bruder wieder mit ihr spricht, wenn sie ihm eine Freude macht und ein neues Poster in seiner Lieblingsfarbe malt.

4a) Obwohl Hannah Angst hat, weil sie nicht weiß, wie Konrad auf das Poster und ihren Versöhnungsversuch reagieren wird, nimmt sie ihren ganzen Mut zusammen und geht zu ihm.

5a) Als Konrad das Poster sieht, muss er wider Erwarten herzlich lachen, da es so gar keine Ähnlichkeit mit seinem Popstar hat. Doch er erkennt das Bemühen seiner kleinen Schwester und nimmt ihre Entschuldigung an. Bevor Hannah geht, lässt er sich von ihr versprechen, dass sie nie wieder ungefragt in sein Zimmer gehen wird.

1b) Konrad fühlt sich in der Pause durch die Blicke eines Mädchens gestört.

2b) Konrad mault und meckert das Mädchen an. Er schimpft und fordert es heraus, indem er sagt: „Du Fladenbrotfresserin!"

3b) Das Mädchen entreißt Konrad sein neues Handy, wirft es aus dem offenen Fenster und läuft davon.

4b) Konrad ist wütend, weil sein neues Handy einen Kratzer hat. Als er das Mädchen wenig später mit ihren Freundinnen plaudern sieht, hastet er auf sie zu und zieht sie an den Haaren. Beide beginnen zu raufen und sich zu beschimpfen.

5b) Konrads Freund Fred macht den ersten Schritt, indem er mit dem Mädchen das Gespräch sucht. Er findet heraus, dass es Meeta heißt und gerne mit ihm und Konrad in der Pause Fußball spielen möchte. Fred macht Meeta und Konrad miteinander bekannt, und Konrad findet Gefallen an der Idee, gemeinsam Fußball zu spielen. Meeta und Konrad sind versöhnungsbereit und teilen sogar ihre Jause miteinander.

Wann spürst du Frieden in dir?

Sich selbst ruhig und friedlich zu fühlen, fördert das Wohlbefinden und macht ein gutes Auskommen mit anderen möglich. Denke an eine Situation, in der du dich bereits einmal sehr friedlich gefühlt hast. Zeichne sie im Anschluss in den Ballon. Das Bild hilft dir, dich in stürmischen Zeiten an Frieden zu erinnern.

Was bringt dich auf die Palme?

Bestimmte Dinge können sehr wütend machen. Überlege, was dich auf die Palme bringt, und schreibe es auf. Dinge, die dich sehr wütend machen, kommen weiter oben hin. Dinge, die dich weniger aufregen, schreibst du weiter unten auf.

Wie zeigst du deine Meinung?

Du kannst mit Worten oder/und mit deinem Körper zeigen, wie dir eine bestimmte Sichtweise gefällt. Wie machst du klar, dass dir etwas nicht passt? Kreuze deine Antworten an!

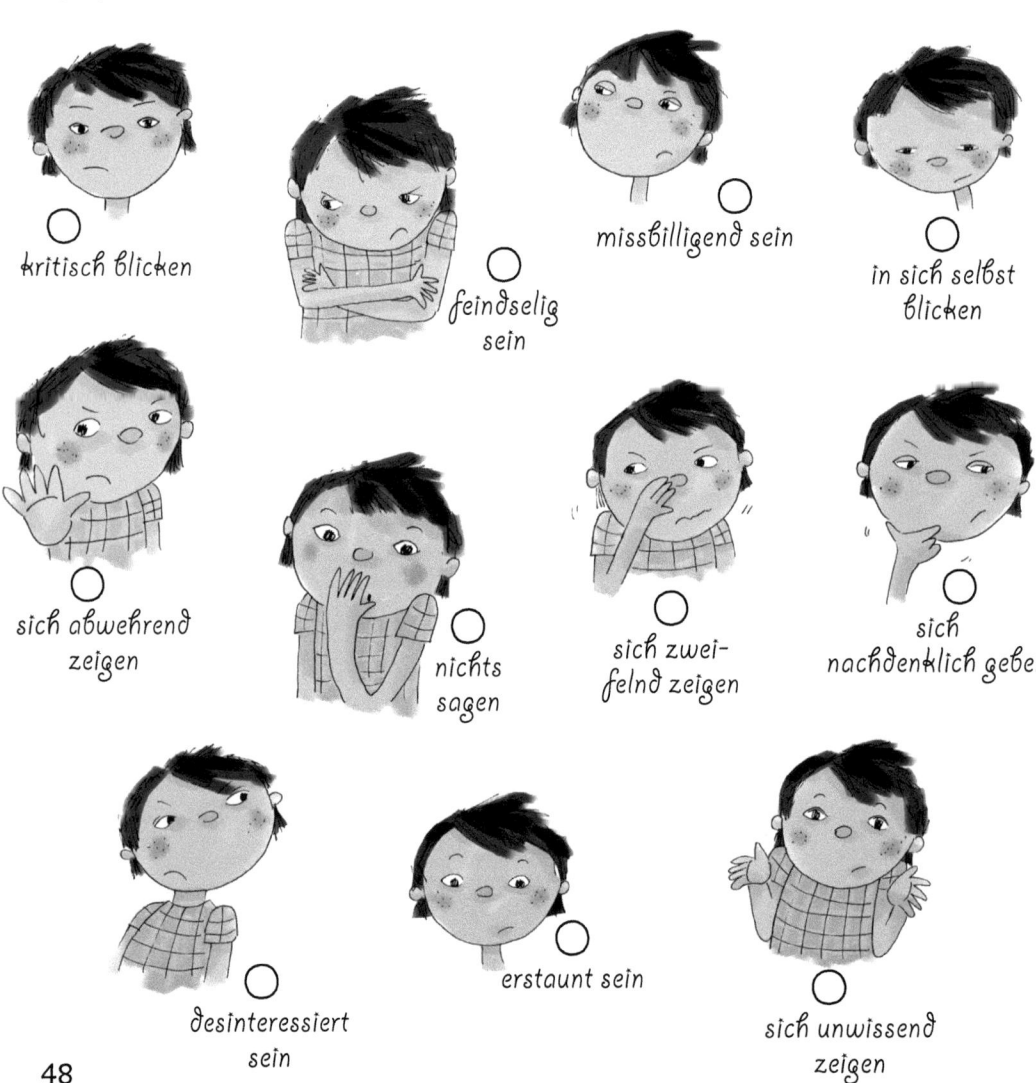

○ kritisch blicken
○ feindselig sein
○ missbilligend sein
○ in sich selbst blicken
○ sich abwehrend zeigen
○ nichts sagen
○ sich zweifelnd zeigen
○ sich nachdenklich geben
○ desinteressiert sein
○ erstaunt sein
○ sich unwissend zeigen

Wie hast du einen Konflikt verschlimmert?

Lies die Verhaltensweisen in der rechten Zeile durch. Findest du Beschreibungen, die auf dich zutreffen? Dann schreibe in die linke Zeile, um welchen Konflikt es ging.

Konflikt	Verhaltensweise
	„Ich habe etwas Gemeines über die Person geschrieben."
	„Ich habe die Person per SMS/E-Mail/Brief beschimpft."
	„Ich habe der Person gedroht."
	„Ich habe die Person körperlich angegriffen."
	„Ich habe über die Person Gerüchte erzählt."
	„Ich habe das Eigentum der Person beschädigt."
	„Ich habe der Person aufgelauert und ihr Angst gemacht."
	„Ich habe der Person Rache geschworen."
	„Ich habe die Person absichtlich ausgeschlossen."
	„Ich habe die Person zum Weinen gebracht."

Welche Konflikte hast du häufig?

In der Schule, bei deinen Freunden und Freundinnen oder in deiner Familie treten bestimmte Konflikte immer wieder auf. Stelle fest, mit welchen du es am häufigsten und mit welchen du es am wenigsten oft zu tun hast. Gib den Bildern eine Nummer und beginne mit der Zahl 1 (1 = am häufigsten).

Welchem Drehbuch folgst du?

Manche Konflikte kommen wie erwartet auf dich zu, in andere bist du plötzlich verstrickt. Überlege, ob es eine Art Drehbuch gibt, d.h. immer wieder denselben Ablauf oder dasselbe Verhalten, dem du trotzdem folgst. Denke dabei an deine Gefühle, deine Gedanken und dein Verhalten. Schreibe alles auf.

Wie verhältst du dich meistens?

Wie verhältst du dich, wenn du einen Konflikt mit jemandem hast? Kreuze die auf dich zutreffenden Aussagen an. Fehlt etwas? Dann schreibe es in die freien Zeilen.

- ○ „Ich rede so lange, bis der andere aufgibt."
- ○ „Ich gehe dem Konflikt aus dem Weg."
- ○ „Ich mache das, was der andere von mir verlangt."
- ○ „Ich rede und höre auch dem anderen aufmerksam zu."
- ○ „Ich gehe und mache alles mit mir alleine aus."
- ○ „Ich will immer Recht behalten."
- ○ _____
- ○ _____
- ○ _____
- ○ _____
- ○ _____
- ○ _____
- ○ _____

Was kommt zum Vorschein?

Stell dir vor, du fühlst dich ungerecht behandelt, abgewertet, in die Ecke gedrängt oder provoziert. Welche Seite von dir kommt dann zum Vorschein? Schreibe oder zeichne auf, zu wem oder zu was du in so einer Situation wirst.

Welcher Konflikt-Typ bist du?

Bei Konflikten zeigt sich, wie man tickt. Überlege, welches Verhalten für dich typisch ist, und kreuze es an. Tust du dich schwer mit der eigenen Einschätzung, dann versuche, dich mit den Augen anderer zu sehen.

○ Typ 1: Quasselstrippe
(redet so lange, bis der andere nachgibt)

○ Typ 2: Konfliktvermeider
(geht Konflikten bevorzugt aus dem Weg)

○ Typ 3: Anpasser
(macht das, was sein Gegenüber tut)

○ Typ 4: Konfliktlöser
(versucht, den Konflikt durch Zuhören und Reden zu lösen)

○ Typ 5: Einigler
(macht Konflikte am liebsten mit sich alleine aus)

○ Typ 6: Rechthaber
(möchte in jedem Konflikt Recht behalten)

○ Typ 7: Wegrenner
(möchte dem Konflikt durch Weglaufen entkommen)

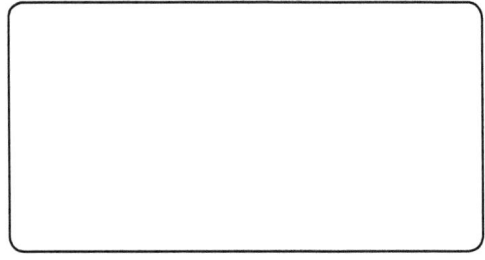

○ Typ 8: _____

Wie fühlst du dich nach einem Konflikt?

Höre in dich hinein und finde heraus, wie du dich nach einem Konflikt fühlst. Kreuze die auf dich zutreffenden Gefühle an.

○ traurig
○ wütend
○ verzweifelt
○ hilflos
○ beschämt
○ siegessicher
○ schadenfroh
○ zufrieden
○ _____

WOVOR HAST DU ANGST?

Viele Kinder würden gerne Konflikte austragen, tun es aber nicht. Wieso? Zum Beispiel, weil sie zu große Angst vor möglichen Folgen haben. Wie ist es bei dir, was hält dich davon ab, Konflikte auszutragen?

einsam sein

ausgelacht werden

angeschwiegen werden

zerbrochene Freundschaft

jemanden zum Weinen bringen

jemanden wütend machen

ausgegrenzt werden

Eskalation

Wie verstehst du dein Gegenüber besser?

Stell dir vor, du trägst eine Brille, mit der du den Konflikt von deiner Warte aus siehst. Auch die Konfliktpartei hat eine Brille auf. Durch diese sieht sie denselben Konflikt, bloß anders. Denke jetzt an einen Konflikt, den du hattest. Setze nun die Brille deines Gegenübers auf. Versuche, folgende Fragen zu beantworten:

Wie hat sich dein Gegenüber bei dem Konflikt gefühlt?

Was hat er/sie dabei gedacht?

Fühle dich in die Konfliktpartei ein. So kannst du seine/ihre Ansicht besser verstehen.

Wie hat er/sie sich verhalten?

Wie möchtest du dich künftig verhalten?

Stell dir vor, du könntest dich bei Meinungsverschiedenheiten oder eskalierenden Konflikten plötzlich anders als sonst verhalten. Wie würdest du dich am liebsten verhalten? Kreuze deine Wunsch-Antworten an.

○ „Ich sage meine Meinung und höre dann auch dem anderen zu."

○ „Wir geben uns die Hände und alles ist wieder in Ordnung."

○ „Ich kann mich entschuldigen, wenn ich einen Fehler gemacht habe."

○ „Ich laufe vor einem Konflikt nicht davon, sondern wir sprechen miteinander darüber."

○ „Wenn ich Unrecht habe, kann ich das zugeben."

○ „Wenn ich Angst vor einem Konflikt habe, hole ich mir Hilfe von einem Mitschüler/einer Mitschülerin oder einem Erwachsenen. Dann versuchen wir, den Konflikt gemeinsam zu lösen."

○ „Wir vertragen uns wieder, weil wir uns mögen und uns gegenseitig verzeihen."

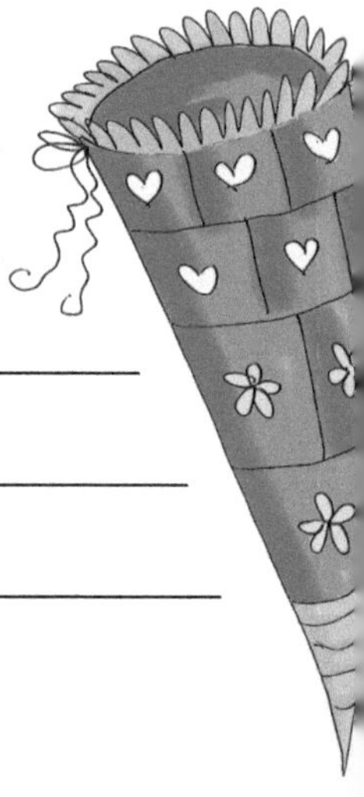

○ _____

○ _____

○ _____

○ _____

○ _____

WELCHE FÄHIGKEITEN WÜNSCHST DU DIR?

Streiten ist einfach, richtig streiten ist eine Frage der Übung. Auch braucht es dazu auf beiden Seiten bestimmte Fähigkeiten. Welche der folgenden Fähigkeiten wünschst du dir? Treffe deine Wahl und kreuze die entsprechenden an. Unterstreiche jene, in denen du dich verbessern möchtest.

Wie bleibst du gelassen?

Gelassen bleiben verhindert, dass sich Konflikte zuspitzen. Wie kannst du in heiklen Situationen das Gefühl von Gelassenheit in dir erzeugen? Woran musst du denken? Was kannst du zusätzlich tun, um Gelassenheit auszustrahlen? Notiere deine Ideen.

Wie kannst du sagen, was dich beschäftigt?

Überlege, wie du jemandem sagen kannst, dass dich etwas stört oder bekümmert. Hilfreich ist, wenn du dabei an eine bestimmte Person denkst, die dich kürzlich verärgert oder verletzt hat. Schreibe deine Gedanken auf.

1. Welches Verhalten der anderen Person stört/kümmert/verletzt dich besonders?

   _____

2. Was macht das Verhalten der anderen Person mit dir?

   _____

3. Was wünschst du dir künftig von der anderen Person?

   _____

4. Wann kannst du die andere Person darauf ansprechen?

   _____

5. Worauf willst du achten, damit dir die andere Person zuhört?

   _____

6. Was tust du, wenn die andere Person an deiner Rückmeldung nicht interessiert ist?

   _____

Welche Gewalt ist das?

Gewalt hat viele Gesichter. Stelle anhand der Bilder fest, ob es sich um körperliche, seelische, sexuelle Gewalt oder an Gegenständen ausgelebte Gewalt handelt. Schreibe deine Antworten in das jeweilige Feld.

Wie schaffst du es ohne Gewalt?

Stell dir vor, jemand fordert dich heraus, nervt oder beleidigt dich. Wie gelingt es dir, diese Situation gewaltfrei zu lösen? Notiere deine Ideen und zeichne die beste auf.

Informationen für Erwachsene

Veränderungspotenzial von Konflikten

Konflikte können zur Entwicklung der Persönlichkeit beitragen und haben großes Veränderungspotenzial. Obwohl Konflikte häufig als einzigartig empfunden werden, lassen sich bei den meisten Menschen wiederholende, ähnliche Verhaltensmuster erkennen. Diese beziehen sich auf die Art und Weise, wie Konflikten begegnet wird, und wie sie ausgetragen werden.

Menschen, die sich aus der Innen- („Wie sehe ich mich?") und Außenperspektive („Wie sehen mich die anderen?") damit befassen, können sagen, welche Interaktions- und Verhaltensweisen typisch und ungewöhnlich für sie sind. Dieses Wissen erweitert den Handlungsspielraum erheblich: Es ermöglicht die bewusste Entscheidung, sich im Konfliktfall anders als bislang zu verhalten und somit die Weichen neu zu stellen.

Werden bisherige, von Misserfolgen gekrönte Interaktions- und Verhaltensmuster durch neue, positive Verhaltensmuster ersetzt, so ist man in der Lage, Konflikte und Konfliktlösungen in eine andere, konstruktive und somit bessere Richtung zu bringen. Zusätzlich wird mit diesem Verhalten auch das Verhalten der gegenüberliegenden Konfliktpartei(en) beeinflusst.

Voraussetzung für die tatsächlich positive Beendigung eines Konfliktes ist, dass der Konflikt von allen Konfliktparteien bearbeitet und gelöst werden möchte. Das gelingt, wenn man selbst oder die Konfliktpartei(en) in der Lage sind, auf einer gemeinsamen Ebene sachlich und offen zu kommunizieren.

Dazu werden sowohl eine Kommunikationskultur (z.B. Wie wird kommuniziert? Wie kommt es zu Missverständnissen? Welche wechselseitigen Erwartungen bestehen? Wie wird miteinander umgegangen?) als auch eine Konfliktkultur (z.B. die Haltung, dass es sinnvoller ist, Konflikte direkt anzusprechen und gemeinsam zu bearbeiten) benötigt.

Konfliktkultur als Kulturtechnik

Eine Konfliktkultur ermöglicht, Konflikte offen und konstruktiv auszutragen. Dazu gehört auch die Sichtweise, dass Konflikte eskalieren können und es ungünstig ist, Konflikte andauern zu lassen. Je länger ein Konflikt vor sich hinköchelt, desto schwieriger wird es sein, ihn zu lösen.

Menschen, die sich für eine positive Konfliktkultur aussprechen, unterstützen andere im Erwerb von gewaltfreien Konfliktlösefähigkeiten. Denn viel zu viele Konflikte führen zu psychischen und körperlichen Verletzungen.

Eine gewaltfreie Beendigung von Konflikten erfordert ein Bündel sozialer Kompetenzen, wie z.B. die Wahrnehmung und Steuerung der Emotionen, Sprachkompetenz, Empathie, Konfliktfähigkeit, Kompromissfähigkeit, Respekt, Versöhnungsbereitschaft, Problemlösefähigkeiten oder Frustrationstoleranz. Je früher diese Fähigkeiten das Verhaltensrepertoire einer Person ergänzen, desto selbstverständlicher können sie positiv genutzt werden.

Familiäre Konfliktkultur

Ein Familienleben ohne Konflikte gibt es nicht. Trotzdem passiert es, dass Konflikte ungewollt wachsen und eskalieren. Daher sollen der Blick geschärft und Konflikte bereits im Kleinen angegangen werden, wenn es sich z.B. um ein Missverständnis mit Konfliktpotenzial handelt. Für die (Weiter-)Entwicklung einer familiären Konfliktkultur benötigt es ein klares Bild davon, wie die Erwachsenen als Individuum, Paar oder Elternteil mit Konflikten umgehen. Die folgenden Fragen können Ihnen dabei helfen, das ganz einfach herauszufinden.

Individuelle Ebene	
1. Wie erprobt sind Sie in der Wahrnehmung und Beendigung von Konflikten?	
2. Inwiefern haben Sie bereits erlebte Konflikte geprägt oder verändert?	
3. Wie ist Ihre Einstellung zu Konflikten? Vermeiden Sie Konflikte eher oder lassen Sie sich auf Konflikte ein?	
4. Gibt es ein für Sie typisches Verhaltensmuster, wie Sie in Konflikten reagieren?	
5. Wie haben Sie Ihre Konflikte bisher meistens beendet?	
6. Was muss passieren, dass Sie sich provoziert, bedroht oder in die Ecke gedrängt fühlen?	
7. Welche Voraussetzungen benötigen Sie, damit ein Konflikt Ihrerseits konstruktiv beendet werden kann?	

Paar-Ebene	
1. Wie sind Sie vor Ihrer Partnerschaft mit Konflikten umgegangen? Wie gehen Sie nun in Ihrer Partnerschaft damit um?	
2. Welche Verhaltensmuster haben sich entwickelt in Bezug darauf, wie Sie Konflikte wahrnehmen, ansprechen und lösen?	
3. Welche Art von Konflikten erzeugen zwischen Ihnen Distanz, welche Nähe?	
4. Welchem Drehbuch folgen Sie in Ihren Konflikten üblicherweise?	
5. Welche Rituale haben Sie als Paar entwickelt, um Konflikte zu klären?	
6. Gibt es ungeklärte Konflikte zwischen Ihnen und wie gehen Sie damit um?	

Eltern-Ebene	
1. Wie hat sich die Elternschaft auf Ihr Konfliktverhalten als Paar ausgewirkt?	
2. Welche Themen führen unweigerlich und wiederkehrend zu Konflikten?	
3. Welche Alltagsbedingungen lassen Konflikte wachsen?	
4. Wann haben Sie Zeit, um Konflikte anzusprechen?	
5. Wie lösen Sie Konflikte rund um Elternschaft und Erziehung?	
6. Welche Vorgehensweise hat sich bewährt?	

Familien-Ebene	
1. Wie reagieren Sie, wenn sich Ihre Kinder im Konflikt beschimpfen und/oder körperlich verletzen?	
2. Schaukeln sich bei Ihnen Konflikte eher hoch oder versuchen Sie, als Familie einer Eskalation tendenziell vorzubeugen?	
3. Welche Art von Konflikten lösen Sie meist ähnlich, welche anders?	
4. Werden alle Familienmitglieder in ihren konfliktspezifischen Anliegen ernstgenommen und gleichwertig behandelt? Wie machen Sie das?	
5. Welche Gemeinsamkeiten/Unterschiede gibt es, wie mit Konflikten umgegangen wird?	
6. Gibt es dabei geschlechtsspezifische Unterschiede?	
7. Welche Familienregeln sollen Ihrer Meinung nach unbedingt eingehalten werden?	
8. Welche Konsequenzen gibt es bei Regelverstößen?	
9. Wie schließen Sie Frieden?	
10. Was tun Sie, wenn alte Konflikte wieder zum Thema werden?	

Die Art, wie Eltern Konflikte angehen und lösen, ist entscheidend dafür, welche Konfliktösefähigkeiten dem Kind direkt oder indirekt durch Beobachtung und Nachahmung vermittelt werden.

Konflikte im Anmarsch

Konflikte weisen auf eine gestörte Kommunikation hin. Ein Konflikt kann sich durch folgende Signale ankündigen:

1. Eine Person nimmt Störungen in der Kommunikation wahr und ignoriert diese, anstatt sie anzusprechen.
2. Eine Person und ihr Gesprächspartner/ihre Gesprächspartnerin vertreten unterschiedliche Sichtweisen. Kommt es zu keinem Austausch dieser Sichtweisen oder zu keiner konstruktiven Lösung, kann es passieren, dass etwa eine Meinungsverschiedenheit in einem Konflikt eskaliert.
3. Eine Person und ihr Gesprächspartner/ihre Gesprächspartnerin zeigen sich zurückhaltend und wortkarg. Die wechselseitige Interaktion nimmt ab und das Konfliktpotenzial steigt.
4. Eine Person und ihr Gesprächspartner/ihre Gesprächspartnerin reden nicht darüber, was sie fühlen, denken und wollen. Gibt es dabei Unterschiede und tauschen sie sich nicht darüber aus, kann ein Konflikt entstehen. Indem die Kommunikation weniger wird, gewinnen die Emotionen an Bedeutung.

Aufmerksam zu beobachten, nachzufragen und miteinander zu reden sind wichtige Aspekte, die es ermöglichen, Konflikte frühzeitig zu erkennen und anzupacken. Ausgelöst wird ein Konflikt meist von einem bestimmten Initialereignis.

Wenn man sich z.B. durch eine Person ungerecht behandelt fühlt und darüber nicht gesprochen wird, kann der Konflikt sogar eskalieren.

Achtung: Alarmstufe Rot

Ein Konflikt schaukelt sich hoch und kann aus dem Ruder laufen, wenn sich die Konfliktparteien von negativen Gefühlen leiten lassen, anstatt das Sachthema für beide Seiten konstruktiv zu bearbeiten. Je mehr Raum der Konflikt im Fühlen, Denken und Handeln der betroffenen Person einnimmt, desto schwerer kann er alleine von den Konfliktparteien für alle zufriedenstellend gelöst werden.

Wo ein klärendes Gespräch nicht mehr greift, benötigt es Hilfe von außen. Diese kann z.B. eine Mediation, eine soziotherapeutische Prozessbegleitung* oder „ein Machtwort" einer mit Autorität ausgestatteten Person (Eltern, Direktion) sein.

Konfliktfeld Familie

Positiv empfundene Gewohnheiten (z.B. gemeinsame Aktivitäten am Wochenende) und Rituale (z.B. Gute Nacht-Geschichte) geben Kindern Sicherheit und Halt. Sie vermitteln auch, dass alles im Lot ist.

Konflikte erfüllen in einigen Familien die Funktion, Beziehungen zueinander zu klären und zu ordnen. Oftmals verdeutlichen sie, dass bestimmte Dinge noch nicht abgeschlossen sind.

Wiederkehrender Zank oder Meinungsverschiedenheiten haben Konfliktpotenzial, wenn Personen durch Festschreibungen („Ein Clown zu sein", „Ein Petze zu sein") auf eine Seite reduziert und damit in ihrer Entwicklung behindert werden.

Verallgemeinernde Aussagen, die mit Wörtern wie „nie" (z.B. „Du nimmst mich nie ernst") oder „immer" (z.B. „Immer bin ich der Sündenbock") gespickt sind, können ebenso Konflikte auslösen. Ein Nährboden für Konflikte sind auch ein wechselnder Erziehungsstil (z.B. teils viel Unterstützung, dann überwiegend Tadel) oder Regelverletzungen seitens des Kindes.

Konflikte werden im Unterschied zu Zank oder Meinungsverschiedenheiten als emotional belastender erlebt, weil sie die Beziehungen in einem System anspannen und verändern. Sackgassen in der Eltern-Kind-Beziehung ergeben sich insbesondere durch zwei Arten von Eskalation: Zum einen durch die symmetrische, zum anderen durch die komplementäre Eskalation.

Typisch für die symmetrische Eskalation sind die wechselseitigen Feindseligkeiten, wobei jeder annimmt, dass die gegnerische Konfliktpartei der Provokateur sei und man sich bloß selbst verteidige. Erkennbar ist dies an der zunehmenden Gewalt zwischen Eltern und Kindern.

Versuchen Kinder/Jugendliche, sich durch Druck machen/erpressen durchzusetzen, und ihre Eltern reagieren mit Nachgeben, dann befinden sich die Beteiligten in einer komplementären Eskalation. Das fortwährende Nachgeben hat den ungünstigen Nebeneffekt, dass sich Eltern hilflos und wütend fühlen.

Vor allem bei starken Emotionen ist Vorsicht geboten, da z.B. Angst, Verzweiflung, Wut oder Ärger zu einer schnelleren Konflikteskalation beitragen.

Sich mit dem anderen auseinandersetzen

Eine positive Auseinandersetzung mit einem Konflikt beginnt idealerweise mit einem klärenden Gespräch über die unterschiedlichen Sicht- und Denkweisen, die verschiedenen Emotionen und Interessen. Dazu benötigt es ein gutes Gesprächsklima, weshalb auch die – oft mit einem Konflikt einhergehende – Spannung zwischen den Beteiligten abgebaut werden muss.

Eltern und andere Bezugspersonen sollen sich ihrer Vorbildfunktion klar sein. Sogar dann, wenn sie selbst an einer Auseinandersetzung beteiligt sind. Denn Kinder eignen sich Verhaltensweisen durch soziales Lernen an. Das heißt, indem sie ihre Eltern und andere Erwachsene in bestimmten Situationen aufmerksam beobachten und nachahmen.

Daher gilt die Devise: Konflikte konstruktiv austragen, rechtzeitig handeln und darüber reden. So können das kindliche Selbstbewusstsein und die Fähigkeit, die eigenen Bedürfnisse und Interessen zu erkennen, eigene Standpunkte zu vertreten und diese auch verbal zu äußern, gestärkt werden.

Eine gute Konfliktkultur beinhaltet konstruktive Handlungs- und Lösungsstrategien und geht auch immer mit Empathie und Meinungsaustausch einher. Diese Fähigkeiten können die Eltern mit Ihrem Kind bei jeder Auseinandersetzung bewusst trainieren. Wichtig dabei sind eine Verständigung auf Augenhöhe und das wechselseitige Ernstnehmen von Meinungen, Gefühlen und Bedürfnissen.

Elterliche Präsenz

Im Unterschied zu früher hinterfragen Kinder und Jugendliche von heute die Dominanz ihrer Eltern und den Erziehungsstil. Daher braucht es Eltern, die ihren Kindern

- Orientierung geben,
- sie anleiten,
- entwicklungsgemäße Unterstützung geben
- und sie lehren, Auswirkungen von grenzüberschreitendem Verhalten zu erkennen.

Solche Eltern müssen in der Erziehung präsent sein. Inwiefern das einem Vater/einer Mutter gelingt, hängt davon ab, ob man als Vater/Mutter handelt und sich für die Beziehung zum Kind einsetzt, aber nicht gegen das Kind kämpft.

Auch sollte man stets das erzieherische Verhalten überdenken und sich kritisch mit den eigenen, in der Erziehung gemachten Erfahrungen auseinandersetzen.

GEWALTFREIE ERZIEHUNG

Ein Vater/eine Mutter hat Verantwortung für und Macht über seine/ihre Kinder.

Wie geht man mit dieser Verantwortung und Überlegenheit um?

Wie gelingt es, Konflikte mit Kindern nicht ins Lächerliche zu ziehen? Wie gelingt es, Konflikte mit Kindern ohne Gewalt(androhung) auszutragen?

Körperliche Gewalt ist als Erziehungsmittel verboten und strafrechtlich verfolgbar. Sie wirkt sich schwerwiegend auf die psychische Entwicklung des Kindes aus. Genauso wie seelische Gewalt, die Kinder am häufigsten erleben. Diese ist z.B. daran erkennbar, dass Eltern ihr Kind ablehnen, demütigen, bedrohen, überfordern, seine Privatsphäre missachten oder sich unzuverlässig verhalten.

Jede Art von Gewalt schädigt das Beziehungsband zwischen Eltern und Kind nachhaltig. Des Weiteren ist gewalttätiges Verhalten für die Konfliktkultur kontraproduktiv, weil Muster zementiert werden und ein negativer Umgang mit zukünftigen Konflikten vorprogrammiert ist.

Daher sollen Eltern lernen, mit ihren Kindern zu verhandeln, anstatt sich mit Gewalt durchzusetzen.

Hilfreich ist auch, jene Grenzen, die eingehalten werden sollen, zu erklären und in eine Regel umzuwandeln. Der Vorteil liegt auf der Hand: Einsichtige und sinnvolle Regeln schaffen Klarheit! Die Kinder wissen, was von ihnen erwartet wird und wo der Handlungsspielraum endet. Und die Eltern wissen, wann sie konsequent sein müssen.

Man kann davon ausgehen, dass Familienregeln immer wieder verletzt werden. Hier lohnt es sich aus elterlicher Sicht zu hinterfragen, womit das zu tun haben könnte. Gleichzeitig sollte man berücksichtigen, dass die jeweilige Entscheidung aus Sicht des Kindes wahrscheinlich einen Nutzen hatte.

Eltern sollten deshalb Verständnis für das Anliegen des Kindes zeigen. Trotzdem soll auf die Missachtung einer Regel eine Konsequenz folgen, denn nur so wird die Regel verbindlich.

Regeleinhaltung kann freundlich bestimmt, sachlich und wertschätzend vermittelt werden.

Glossar
Das Glossar erhebt keinen Anspruch auf Vollständigkeit

Konfliktpartei(en): Damit sind jene Personen gemeint, zwischen denen ein Konflikt entstanden ist. Dabei handelt es sich um zwei oder mehrere Personen, die einen Konflikt miteinander haben. Jede Person, die sich in einem Konflikt befindet, wird auch als Konfliktpartei bezeichnet.

Mediation: Wird auch Vermittlung genannt. Mithilfe eines Vermittlers oder einer Mediatorin versuchen die Konfliktparteien, eine gemeinsame Lösung für den Konflikt zu finden. Mediation läuft immer nach einem bestimmten Muster ab. Auch Schülerinnen und Schüler können sich als Peer-Mediatoren*/Peer-Mediatorinnen ausbilden lassen.

Mediator/Mediatorin: Er/sie ist ein/e ausgebildete/r Streitschlichter/in.

Peer-Mediator/Peer-Mediatorin: Ist ein Schüler/eine Schülerin, der/die sich freiwillig zum Streitschlichter/zur Streitschlichterin ausbilden hat lassen. Im Konfliktfall hilft er/sie dann, diesen konstruktiv zu lösen. Peer-Mediation ist eine pädagogische Methode. Sie geht davon aus, dass es Gleichaltrigen leichter fällt, sich einander anzuvertrauen.

Prozessbegleitung, soziotherapeutische: Der Fachbegriff lautet „Facilitation". Eine soziotherapeutische Prozessbegleitung wird meist von Personen durchgeführt, die eine Supervisions- oder Mediationsausbildung absolviert haben. Sie betreuen und beraten die Konfliktparteien. Dabei verhalten sie sich neutral gegenüber den Konfliktparteien, geben Rückmeldung und helfen, konstruktives Konfliktlöseverhalten zu stärken sowie hinderliches Verhalten zu erkennen und zu reduzieren.

Psychologe/Psychologin: Sind Personen, die sich mit dem Erleben und Verhalten von Menschen befassen. Die Ausbildung erfolgt durch ein Universitätsstudium. Psychologen/Psychologinnen können in verschiedensten Berufsfeldern (Gesundheitswesen, Forschung, Wirtschaft) tätig sein.

Psychotherapeut/Psychotherapeutin: Sind Personen mit einem psychosozialen Grundberuf und die sich durch Zusatzausbildungen Haltungen und Methoden einer bestimmten therapeutischen Richtung erworben haben.

Streit: Meist bedeutet es offenes Austragen einer Meinungsverschiedenheit. Die Austragungsform Streit kann zu einem Konflikt führen oder/und in einem Konflikt stattfinden. Streit und Konflikt dürfen nicht miteinander verwechselt werden.

Weiterführende Informationen

ANSPRECHPARTNER

Es gibt unterschiedliche Situationen, die dazu veranlassen, sich Hilfe zu holen. Wenn ein familiärer Konflikt entgleitet, ist es gut, Unterstützung in auf Familien spezialisierten und meist kostenfreien Beratungsstellen einzuholen. 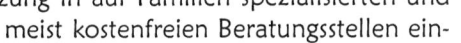 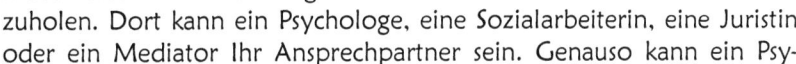 Dort kann ein Psychologe, eine Sozialarbeiterin, eine Juristin oder ein Mediator Ihr Ansprechpartner sein. Genauso kann ein Psychologe/eine Psychologin oder ein Psychotherapeut/eine Psychotherapeutin in freier Praxis aufgesucht werden. Im Vorfeld sollte geklärt werden, ob die Fachperson in der Arbeit mit Familien/Kindern/Jugendlichen routiniert ist.

Fühlt sich ein Kind durch einen schulischen Konflikt belastet, sollte gemeinsam und einzeln psychologische oder psychotherapeutische Hilfe in Anspruch genommen werden. So erweitert das Kind sein Handlungsrepertoire, und gemeinsam können weitere Schritte auf schulischer Ebene überdacht werden. Vielleicht gibt es in der Schule des Kindes einen Psychologen/eine Psychologin, der/die für Beratungen zur Verfügung steht.

Werden bei eskalierenden Konflikten innerhalb der Klasse Vermittler von außen benötigt, sollte dies beim Elternabend zum Thema gemacht werden. In weiterer Folge können beispielsweise ein Mediator/eine Mediatorin hinzugezogen und ein Deeskalationstraining oder ein Programm zur Gewaltprävention durchgeführt werden.

Im Austausch mit den anderen Eltern sollte man unbedingt sachbezogen bleiben und in Ich-Botschaften sprechen. Ist das Kind im Freundeskreis in einen Konflikt verstrickt, werden Eltern selbst zum Ansprechpartner/zur Ansprechpartnerin ihres Kindes. Das Kind sollte zuerst zum selbstständigen Konfliktmanagement ermuntert werden. Ein Eingreifen ist spätestens dann sinnvoll, wenn das Kind das Gefühl hat, dass das Reden mit der Konfliktpartei nicht mehr hilft. Eltern können in einem solchen Fall ein Gespräch zwischen den Konfliktparteien moderieren und als Vermittler/Vermittlerin auftreten.

Kam es zu einer strafrechtlich relevanten Körperverletzung, ist es wichtig, über die jeweiligen Rechte des verletzten Kindes informiert zu sein. Gemeinsam mit dem Kind sollte der Nutzen einer außergerichtlichen Klärung oder eines Strafverfahrens im Einzelfall abgewogen werden.

Literatur

Asen, E. (2008). So gelingt Familie. Hilfen für den alltäglichen Wahnsinn. Heidelberg: Carl-Auer-Systeme-Verlag.

Cierpka, M. (2006). FAUSTLOS – Wie Kinder Konflikte gewaltfrei lösen lernen. Freiburg: Verlag Herder.

Edmüller, A. & Jiranek, H. (2010). Konfliktmanagement. Konflikten vorbeugen, sie erkennen und lösen. Freiburg: Haufe-Lexware.

Glasl, F. (2011). Konfliktmanagement. Ein Handbuch für Führungskräfte, Beraterinnen und Berater. Bern: Verlag Haupt.

Glasl, F. (2011). Selbsthilfe in Konflikten. Konzepte-Übungen-Praktische Methoden. Stuttgart: Verlag Freies Geistesleben.

Rhode, R. & Meis, M.S. (2012). Wenn Nervensägen an unseren Nerven sägen. So lösen Sie Konflikte mit Kindern und Jugendlichen sicher und selbstbewusst. München: Kösel-Verlag.

Simon, F.B. (2012). Einführung in die Systemtheorie des Konflikts. Heidelberg: Carl-Auer-Systeme-Verlag.

Die Sachbuchreihe zu kindlichen und jugendlichen Spezialthemen

Band 1: **„Volle Hose"**: Einkoten bei Kindern: Prävention und Behandlung

Band 2: **„Machen wie die Großen"**: Toilettenfertigkeiten

Band 3: **„Nasses Bett?"**: Hilfe für Kinder, die nachts einnässen

Band 4: **„Pauline purzelt wieder"**: Hilfe für übergewichtige Kinder

Band 5: **„Lorenz wehrt sich"**: Hilfe für Kinder, die sexuelle Gewalt erlebt haben

Band 6: **„Jutta juckt's nicht mehr"**: Hilfe bei Neurodermitis

Band 7: **„Konrad, der Konfliktlöser"**: Clever streiten und versöhnen

Band 8: **„Annikas andere Welt"**: Hilfe für Kinder psychisch kranker Eltern

Noch mehr gute Tipps von Konrad:

BAND 7a EXTRA

Konrad, der Konfliktlöser EXTRA

Clever streiten und versöhnen daheim und unter Freunden

BAND 7b EXTRA

Konrad, der Konfliktlöser EXTRA

Clever streiten und versöhnen in der Schule und woanders

Möchtest auch du zu einem Spezialisten/zu einer Spezialistin für richtiges Streiten und Frieden schließen werden? In diesem Mit-Mach-Heft findest du viele schlaue Tipps und genug Platz, um alles aufzuschreiben: Zum Beispiel, was dich zu Hause besonders ärgert und wie du Freunden deine ehrliche Meinung sagen kannst, ohne sie zu beleidigen.
Dein persönliches Konflikttagebuch hilft dir außerdem, den Überblick zu bewahren, wenn du einmal mitten in einem familiären Konflikt steckst.

In diesem Mit-Mach-Heft findest du eine Menge heraus: Was dich besonders ärgerlich macht oder wie du über heftige Streitereien denkst. Und wie du mit Gleichaltrigen in der Schule und woanders clever streiten und dich danach wieder richtig versöhnen kannst. Das alles kannst du auch gleich auf Papier üben, denn die zahlreichen Mit-Mach-Seiten laden dich dazu ein.
Darüber hinaus hilft dir dein persönliches Konflikttagebuch, den Überblick zu bewahren, wenn du einmal mitten in einem schulischen Konflikt steckst.

BAND 7 BILDER

Zoff in der Schule

Das Bilder-Erzählbuch für cleveres Streiten und Versöhnen

Konrad ist wütend. So sehr, dass er in einem heftigen Streit etwas Dummes macht. Das ist ungewöhnlich für ihn. Zum Glück hat Konrad seinen besten Freund Fred. Dieser hilft ihm, die Wogen zu glätten und sogar eine neue Freundschaft zu schließen.

„Zoff in der Schule – Das Bilder-Erzählbuch für cleveres Streiten und Versöhnen" vermittelt Kindern grundlegende Konfliktlösefähigkeiten. Es unterstützt sie darin, Strategien für gewaltloses Streiten zu entwickeln. Die Mit-Mach-Seiten ermöglichen außerdem, das eigene Konfliktverhalten zu reflektieren und zu optimieren.

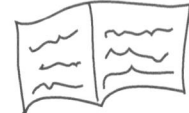

Ausgewählte Titel der edition riedenburg

Buchreihen

Ich weiß jetzt wie! Reihe für Kinder bis ins Schulalter
SOWAS! – Kinder- und Jugend-Spezialsachbuchreihe
Verschiedene Alben für verwaiste Eltern und Geschwister

Einzeltitel

Alle meine Tage – Menstruationskalender
Alle meine Zähne – Zahnkalender für Kinder
Annikas andere Welt – Psychisch kranke Eltern
Ausgewickelt! So gelingt der Abschied von der Windel
Baby Lulu kann es schon! – Windelfreies Baby
Babymützen selbstgemacht! Ganz einfach ohne Nähen
Besonders wenn sie lacht – Lippen-Kiefer-Gaumenspalte
Bitterzucker – Nierentransplantation
Brüt es aus! Die freie Schwangerschaft
Das doppelte Mäxchen – Zwillinge
Das große Storchenmalbuch mit Hebamme Maja
Der Kaiserschnitt hat kein Gesicht – Fotobuch
Der Wuschelfloh, der fliegt aufs Klo! – Spatz ohne Windel
Die Josefsgeschichte – Biblisches von Kindern für Kinder
Die Sonne sucht dich – Foto-Meditation Schwangerschaft
Drei Nummern zu groß – Kleinwuchs
Egal wie klein und zerbrechlich – Erinnerungsalbum
Ein Baby in unserer Mitte – Hausgeburt und Stillen
Finja kriegt das Fläschchen – Für Mamas, die nicht stillen
Frauenkastration – Fachwissen und Frauen-Erfahrungen
Ich war ein Wolfskind aus Königsberg – DDR und BRD
In einer Stadt vor unserer Zeit – Regensburg-Reiseführer
Jutta juckt's nicht mehr – Hilfe bei Neurodermitis
Konrad, der Konfliktlöser – Clever streiten und versöhnen
Lass es raus! Die freie Geburt
Leg dich nieder! Das freie Wochenbett
Lilly ist ein Sternenkind – Verwaiste Geschwister
Lorenz wehrt sich – Sexueller Missbrauch
Luxus Privatgeburt – Hausgeburten in Wort und Bild
Machen wie die Großen – Rund ums Klogehen
Maharishi Good Bye – Tiefenmeditation und die Folgen
Mama und der Kaiserschnitt – Kaiserschnitt
Mamas Bauch wird kugelrund – Aufklärung für Kinder
Manchmal verlässt uns ein Kind – Erinnerungsalbum
Mein Sternenkind – Verwaiste Eltern
Meine Folgeschwangerschaft – Schwanger nach Verlust
Meine Wunschgeburt – Gebären nach Kaiserschnitt
Mit Liebe berühren – Erinnerungsalbum
Mord in der Oper – Bellinis letzter Vorhang
Nasses Bett? – Nächtliches Einnässen
Nino und die Blumenwiese – Nächtliches Einnässen, Bilderbuch
Oma braucht uns – Pflegebedürftige Angehörige
Oma war die Beste! – Trauerfall in der Familie
Papa in den Wolken-Bergen – Verlust eines nahen Angehörigen
Pauline purzelt wieder – Übergewichtige Kinder
Regelschmerz ade! Die freie Menstruation
So klein, und doch so stark! – Extreme Frühgeburt
So leben wir mit Endometriose – Hilfe für betroffene Frauen
Soloschläfer – Erholsamer Mutter-Kind-Schlaf ohne Mann
Still die Badewanne voll! Das freie Säugen
Stille Brüste – Das Fotobuch für die Stillzeit und danach
Tragekinder – Das Kindertragen Kindern erklärt
Und der Klapperstorch kommt doch! – Kinderwunsch
Und wenn du dich getröstet hast – Erinnerungsalbum
Unser Baby kommt zu Hause! – Hausgeburt
Unser Klapperstorch kugelt rum! – Schwangerschaft
Unsere kleine Schwester Nina – Babys erstes Jahr
Volle Hose – Einkoten bei Kindern

Bezug über den (Internet-)Buchhandel in Deutschland, Österreich und der Schweiz.